中小学教师专业发展标准及指导

语　文

中小学教师专业发展标准及指导课题组　编著

北京师范大学出版集团
BEIJING NORMAL UNIVERSITY PUBLISHING GROUP
北京师范大学出版社

图书在版编目(CIP)数据

中小学教师专业发展标准及指导．语文/中小学教师专业发展标准及指导课题组编著．—北京：北京师范大学出版社，2012.9(2021.8重印)

ISBN 978-7-303-14503-4

Ⅰ.①中… Ⅱ.①中… Ⅲ.①语文课—教学研究—中小学 Ⅳ.①G633

中国版本图书馆CIP数据核字(2012)第120444号

营 销 中 心 电 话 010-58802135 010-58802786
北师大出版社教师教育分社微信公众号 京师教师教育

出版发行：北京师范大学出版社 www.bnupg.com
北京市西城区新街口外大街12-3号
邮政编码：100088
印 刷：天津中印联印务有限公司
经 销：全国新华书店
开 本：730 mm×980 mm 1/16
印 张：12
字 数：190千字
版 次：2012年9月第1版
印 次：2021年8月第12次印刷
定 价：36.00元

策划编辑：路 娜 责任编辑：路 娜
美术编辑：高 霞 装帧设计：高 霞
责任校对：李 菡 责任印制：马 洁

中小学教师专业发展标准及指导
丛书编委会

序

由北京教育学院组织，各方专业人士参与，研制《中小学教师专业发展标准及指导》，经过专家论证和反复修改即将出版，这是一件十分有价值的事情。

我参加了项目成果的评审论证会，与会的各位专家均对项目成果给予了积极的肯定，同时也补充了许多建设性意见，提供了许多思考的角度，有助于进一步深入研究并修改完善。我总地认为，该项成果意义重大，定位妥帖，特点突出。

首先，意义重大。该课题研究具有战略性的意义。为什么这么说呢？教育上要干的事很多，但是抓教师队伍建设始终是关键，2010 年国际教师节，联合国四大机构的负责人共同提出："复兴始于教师"。因此，对教师发展进行深入的理性的研究，促进教师科学发展，具有战略意义。北京教育学院能用十余年的时间坚守教师专业发展及其标准这样一个课题研究，表现出一种教育的自觉。在茅草屋底下的西南联大，出来那么多大师级人物，靠的是什么？导师！所以梅贻琦的外号叫"囤积教授的校长"。坚守教师专业发展的课题研究，确实具有深远的战略意义。

其次，定位妥帖。也就是定位科学、适度与适当。第一，定位在"教师专业发展"的标准，界定为在职教师的专业生涯领域，强调了职后的专业发展，强调了专业发展的阶段性与可持续性，这样就与教师资格标准有所区别、也与教师教育标准有所不同了。资格标准和教师教育标准主要涉及职前与入职，是做教师的基本要求；而教师专业发展标准恰好是前两者的延续、深化与补充。三个"标准"有机结合、相互衔接、功能互补，有助于形成我国教师专业化的标准体系。第二，定位在"业务指导性"上。有很多有关教师的素养、标准、目标，多是指令性的、规范性的，至于如何去操作，如何去实现，往往研究不够。但课题组的很多教师认真深入到学科教学当中去，真正在研究教育实践，研究教学实践中的问题和经验，所以能够对学科的特点、学科教学的特点以及学科教师的特点有较好的把握，在实践和理论相结合进行研究的基础上提出具体的指导建议，就很有针对性。所以，这个标准有利于教师自我发展，满足教师培训的需要。

最后，特点突出。主要包括以下几个特点：(1)引领性。现在我们的教师培训需要一个依据，教师自身的专业发展也需要一个依据。所以搞好一个标准，确实具有引领性。(2)发展性。从整体体例上看，纲、目都很清楚，但留有发展空间，不是死标准。给出空间，才能不断完善。(3)聚合性。这是一项综合性研究，牵涉到很多国家的研究成果，牵涉到很多理论问题和实践问题，又要兼顾很多现实情况。把这些东西综合在一起研究，体现了整体优化。(4)实用性。我们常说，中央已经连续不断地发文件强调培养创新人才。"连续不断发文"这也是当代中国教育的一个特点。我们现在拿出一个依据，至少在教师专业发展上可以在较长的时期起作用。(5)规范性。使教师专业发展方面更有章可循，减少随意性。

当然，也有些问题可以进一步研究，使标准更趋完善。

第一个问题，课题立足于"教师专业发展"，但是还没有摆脱教师资格标准的影子。因为教师资格分为初级、中级、高级。按照通常的教师专业发展，可以研究一下几类教师之间的相关性、同步发展的可能性有多大。例如，对于教师职业的热爱，入职阶段是否就只热爱一点，后来进入成熟阶段就更加热爱，到了专家阶段就人格完满、师德高尚了？十年左右教龄的教师常常会有职业倦怠，是不是发展的所有内容都是层次递进的？所以，我想发展与职级不一定直接相关。根据舒尔曼讲的7类教师专业发展知识，教师要掌握学科知识、一般教学法知识、学科教学知识、课程知识、学习者及其特点的知识、教育史、教育哲学，这样大分类后，每一个类里面可能又有层次。比如，德国制定的11类教师标准，也是按大类来分的，但每一类里面也有由浅入深的层次。欧盟制定的教师专业标准也是如此。将来可以继续研究：究竟哪个作为纲，哪个作为目。例如，以健全的人格和职业道德作为一个纲，我们可以分成不同层次，对教师就以不同层次进行评价。一位具体的教师，无论是哪一个级别，都要以层次进行评价。高级教师也不一定每一方面都是 A。也不一定老教师专业水平就最高，创新能力就最强，也许年轻人创新能力更强。所以要引导教师在自身基础上发展，使每个人向更高目标前进，而不是熬够年头才能达到高一级的标准。所以，作为专业发展的纲、目可以调整，而不是套用教师资格标准的纲目。这样可能有助于推动教师专业的发展。

第二个问题，是过程与结果的关系。注重过程很不错，但是应该更多地强调效果。按照 ISO 9000 的观念，有标准过程就有好的结果，但是教育专业发展实际不一定是这样的。怎样使过程与效果结合起来，不是教师想使学生得到发展，而是学生是否真的发展了。哥伦比亚大学前校长说，美国师范教育的失败是培养出来一批会教的教师，但是没有培养出来能把学生教会的教师。在信息化发展的时代，用标准化的过程不可能适应不同学生的发展需要，最终评价教师是学生的发展。我们一定要重视过程，但也要重视结果。

希望这项研究成果在实践中产生积极效应，并通过实践不断完善。

国家教育咨询委员
国家总督学顾问
联合国教科文组织协会世界联合会副主席

目　录

第一部分 前 言

教育大计，教师为本。高素质专业化的教师队伍是学生健康成长、学校持续改进、教育质量不断提升的关键因素和重要保障。提高教师质量的途径之一，是通过研制教师专业发展标准，来引导教师专业发展的方向、内容和评价。这是提高教师质量的国际经验和趋势。

北京教育学院承担的“北京市教师教育创新平台”，自2009年开始，成立了教师专业发展标准研究课题组，围绕职后中小学教师专业发展的标准及其具体内容和操作要点，开展了深入、系统的研究。经过相关文献分析、教师问卷调查、优秀教师访谈、问题集中研讨、初稿撰写起草、专家反复论证、不断修改完善的过程，形成了中小学教师专业发展标准的框架和具体内容，形成了分领域(学科)、分阶段、重操作的《中小学教师专业发展标准及指导》(以下简称《标准及指导》)。

一、研制目的

《标准及指导》研制的目的是服务于教师的发展。就服务的主体而言，它对中小学教师、学校领导、教师培训机构、教育行政部门都有具体的引领作用；就服务的内容而言，它可以用于诊断(反思)与规划、培养与培训、评估与管理等方面。本成果将主要用于中小学教师的自我发展指导和中小学教师培训指导，并在实践应用中加以检验和完善。

首先，为教师反思自身教学实践提供依据。教学反思是教师发展的内在机制。自身教学实践有什么优点和不足，教学水平达到什么程度，需要借助教师专业发展标准提供反思的框架，所以，教师发展标准有助于教师系统地反思。

其次，为教师制定专业发展目标和规划、自主学习与发展提供依据。制定教师发展规划，明确专业发展目标，是教师自主发展的有效方式。不同发展阶段的教师，其发展目标及其要求也是不同的。教师专业发展标准可以为教师制定规划提供参考。《标准与指导》还提供具体内容和操作的指导，这有助于教师参考指导要点，实现自主学习与发展，不断改进教育教学活动。

再次，为教师培训机构诊断教师需求、设计培训目标与课程提供依据。教师培训机构要有效促进教师发展，提高培训的针对性和实效性，必须准确把握教师需求，设计有针对性的培训目标与课程。不同层次培训的课程设计必须依据不同发展阶段教师的发展目标，而教师专业发展标准对此进行了设计。

最后，为管理部门评估教师发展水平提供依据。教师发展的过程性评估和终结性评估对教师本人和管理部门了解信息、激发动力、考核奖惩等都有帮助，而评估标准和指标体系的设计就要依据教师专业发展的标准。

总之，《标准及指导》具有很强的实践意义。当然，标准是针对一定时期一定区域的情况制定的，具有相对性，不是绝对不变的；标准反映的是教师发展的共性规律和要求，具有统一性，而教师个体之间也是有差异的。因此，标准是重要的参考依据，而不是绝对的。在实践和使用过程中，要重标准，不唯标准。

二、主要依据

教师专业发展标准，涉及素质结构如何划分、发展阶段及其任务如何确定、具体要求如何阐述等几个基本问题。这些问题的解决都需要有政策法规、理论研究、客观事实等方面的依据。课题组对这些方面进行了大量的学习、研究，为科学地解决这些问题奠定了比较坚实的基础。

1. 政策法规依据

改革开放以来，我国颁布了若干项关于教师的法律法规和政策，如《中华人民共和国教育法》《中华人民共和国教师法》《中华人民共和国义务教育法》《教师资格条例》《中小学教师职业道德规范》《国家中长期教育改革和发展规划纲要(2010—2020年)》等，其中最集中、最概括地表现于《中华人民共和国教师法》，该法对教师的定位、资格、权利、义务等作了明确的规定，而《中小学教师职业道德规范》(2008 年修订)对教师的职业道德提出“爱国守法、爱岗敬业、关爱学生、教书育人、为人师表、终身学习”六项要求，这为研制教师专业标准提供了最重要的法规政策依据。

2010 年颁布的《国家中长期教育改革和发展规划纲要(2010—2020 年)》从我国“到 2020 年，基本实现教育现代化，基本形成学习型社会，进入人力资源强国行列”的战略目标出发，提出建设一支“师德高尚、业务精湛、结构合理、充满活力的高素质专业化教师队伍”的具体目标，并提出健全教师管理制度，制定教师资格标准等具体要求，《北京市中长期教育改革和发展规划纲要(2010—2020 年)》中还提出了“研究制定教师专业发展标准，明确阶段性目标”的任务，这为制定教师专业发展标准也提供了新的政策依据。

2. 理论依据

制定教师专业标准是许多国家和地区促进教师发展的重要举措。本课题组对美国、英国、德国、法国、俄罗斯、新西兰、新加坡、越南、马来西亚及我国香港地区等建立的教师专业标准进行收集、学习和分析，了解其指导思想、结构和内容，从中寻找有益的借鉴。本课题组成员还多次参与华东师范大学组织的教育部“985”课题“中小幼教师专业标准研究”及比较研究，参与学术会议，了解前沿动态。从目前世界上许多国家和地区的教师专业标准来看，其风格各异。例如，英国“合格教师专业标准”是从“专业价值和承诺”“专业知识与理解”“教育教学实践”三方面进行表述。美国“爱达华州教师专业标准”把教师所应具备的素养分为十个方面，每个方面又从“专业意识、专业知识、专业能力”三个角度来表述。澳大利亚新南威尔士州、南澳州的“教师专业标准”也是按教师应具备的素养分为若干方面，每个方面又从“专业承诺、专业知识、专业实践”三个角度来表述。美国加州的教师专业标准则以教学活动为核心，由六类相关联的教学活动组成标准，每条标准下有若干要点，每个要点中又以“如何”和“为什么”两问，列出一个问题清单供教师思考。国际培训、绩效、教学标准委员会(IBSTPI)制订的“教师能力标准”分专业基础、教学计划与准备、教学方法与策略、评估与评价、教学管理 5 个能力维度，之下有 18 项能力及相应的绩效指标。

总体来讲，各国基本都依据“教师素质理论(包括教师知识理论)”“教师专业发展理论”“教师发展性评价理论”“课程与教学理论”等制定教师专业标准。关于教师素质的理论，国外主要有两大理论流派：一是以美国卡耐基教学促进会主席舒尔曼(Lee S. Shulman，1986)为代表的“学科取向”的教师知识研究，把教师应具备的知识概括为学科内容知识、一般教学法知识、课程的知识、学科教学法知识、学生知识、教育环境的知识、教育宗旨与目的的知识。例如，美国国家专业教学标准的五条标准，主要是参照了“学科取向”的教师知识研究。二是以艾尔巴茨(Freema Elbaz，1981)及康纳利和克兰迪宁(F. Michael Connelly & D. Jean Clandinin，1985)为代表的“实践取向”的教师知识研究，强调教师实践中表现出来的具有个人性、默会性、情境性、实践性、综合性等特点的实践性知识。例如，英国“卓越教师专业标准”则更多地参照了“实践取向”的教师知识研究。国内学者林崇德、申继亮和辛涛教授对教师素质的构成进行研究，提出教师素质在结构上至少应包括五种成分，即职业理想、知识水平、教育观念、教学监控能力以及教学行为与策略。关于教师的知识又提出本体性知识、条件性知识、实践性知识的结构。陈向明等教授对教师的实践性知识进行了深入的研究。

关于教师发展阶段的理论，国内外观点较多。有福勒(France F. Fuller)的四个关注阶段理论、伯林纳(David C. Berliner)的教学专长五阶段理论、利思伍德(Kenneth A. Leithwood)的思维方式五阶段理论、休伯曼(A. Michael Huberman)的七阶段理论、费斯勒(Ralph Fessler)的八阶段生涯理论、邵宝祥的五阶段理论、钟祖荣与李晶的四阶段素质水平理论、叶澜等人的五阶段自我更新理论等。这些理论从不同的角度，对教师不同发展阶段的特征进行了描述和概括。这些为研制分阶段的教师专业标准提供了一定的理论基础。

课程与教学理论是教师专业标准研制的重要理论基础。特别是我国新课程改革的理念，均体现在专业实践的各标准中，诸如强调教学的三维目标，强调学生的自主、探究、合作学习方式，强调信息技术的运用以及与学科教学的有机整合，强调教学与学生的知识基础、生活经验、社会实际相联系，强调形成性、发展性评价，强调利用和开发课程资源等。研制过程中，课题组认真学习和研究了各学科的义务教育阶段课程标准(2011 年版)、高中课程标准，把握各学科的性质、功能，以课程标准的内容为依据提出教师专业发展的要求，又通过教师专业标准的要求，促进课程改革的落实和深入。此外，教学理论也为标准中教学活动部分的制定提供了理论上、结构上的依据。

3. 实践和事实依据

研制教师专业标准需要从实践视角，对教师群体的实际情况和特征进行分析研究，使标准的制定符合实际情况。一方面，我们对北京市中小学教师群体的特征进行调研，包括他们的工作、生活和专业素养状况的调查与分析；另一方面，对北京市中小学优秀教师的特征及发展阶段进行访谈、问卷等调查研究，发现他们的素质特征和成长规律。

培训实践基础。本课题组部分成员自 20 世纪 80 年代投入教师继续教育实践，20 多年来专访各类教师、校长，研究大量教师成长个案，进行课堂教学观察，开展学生、家长、专家访谈，积累了大量教师专业发展的鲜活案例，较好地把握了中小学教师专业发展的状况和特点。

群体状况调研。北京教育学院组织课题组，开展了三次大规模的教师发展调研。2005 年对北京市 10 个远郊区(县)做“教师专业发展水平调查与研究”，发放问卷 10 000 份，分析典型学校 114 所，按照“影响教师专业发展的内外部因素访谈提纲”访谈教师 100 名，出版专著《京郊中小学教师专业发展机制与对策研究》(2006)。2006 年又进行“北京市中学各科教师专业发展水平调查与研究”，发放问卷 10 000 份，分析典型个案 120 例，分析典型学校 150 所，课堂观察 560 节课，获得大量反映北京市中小学教师专业发展现状的第一手材料，归纳提炼出当前北京市中小学教师专业发展中的主要问题。2009 年受教育部师范司委托，我院课题组还对江苏、广东、吉林、北京、河北、湖北、云南、青海等 12 省市的教师队伍和教师培训进行问卷调查。

优秀教师特征访谈。北京教育学院在 1998 年对全国部分特级教师进行个案研究和问卷调研，对骨干教师的特征、成长规律进行分析研究，出版专著《骨干教师队伍建设研究》(2000)。2009 年，课题组在研究中对北京市 18 位中小学不同学科的优秀教师进行深度访谈，提炼出优秀教师的基本素质。主要表现为以下五种特质：(1)动机。有对取得教育成果持续渴望、付诸行动的强烈动机。(2)特质。思维敏锐，能对情境或信息做出持续反应并作出决断。(3)自我概念。具有积极的态度、价值观及良好的自我印象。(4)学习能力。具有专业知识的敏感性和吸收与转化能力。(5)技巧。具有分析性思考和概念性思考的能力。

发展阶段调研。2009 年，课题组还对 12 位不同学科不同地域不同阶段的教师就发展阶段进行访谈，又对 194 名北京市骨干教师进行发展阶段的问卷调查，获得大量数据和信息，并在调研基础上提出教师发展六阶段理论，具体提出六阶段的起止名称、时期名称、各阶段特征及发展任务，为我们划分发展阶段、描述发展标准中各阶段的发展任务提供重要的事实依据。

三、指导思想

1. 宗旨上，体现以学生发展为本的思想

教师专业发展的目的不是仅仅为了自己，而主要是为了学生，为了给国家社会培养有用人才。尊重学生、关心学生、爱护学生、促进学生健康成长，应该成为教师专业发展中最重要的素质。教学中，教师要从学生的学情出发，深入了解学生的知识基础、生活经验、困难障碍等；同时又要调动学生学习的积极性，发挥学生主体性，以促进全体学生的发展。《标准及指导》的专业实践部分主体名称为“促进学生的学习与发展”，是一个具体的表现。具体标准中也始终贯彻这一思想。

2. 内容上，体现时代性的要求

教师专业发展标准，是对教师素质与行为要求的规定。不同地区和时代的教师素质要求，既有共性，又有区别。共性就是要保持教师基本素质要求的稳定性，各个时代强调的共同素质要坚持、保持。区别就是要体现我国当代社会发展对教育、对教师的特殊要求。在《标准及指导》中，我们努力体现《国家中长期教育改革和发展规划纲要（2010—2020 年）》中“育人为本、促进公平、提高质量”的要求，强调教师要落实素质教育的要求，强调培养全面发展、个性发展、可持续发展的人才培养要求，强调着力培养学生社会责任感、创新精神和实践能力的要求，也强调维护学生的身体和心理健康，加强安全教育的要求。

3. 结构上，坚持动静结合的思想

教师专业发展标准按照什么样的结构设计，是个重要的问题。如前所述，有两种思路，一种是按照教师素质的要素进行划分，一般分专业情意、专业知识、专业技能三方面，这种思路比较系统完整，内部逻辑性强，但静态性明显，与教师的教育教学实践结合得不紧，容易与教师的教育实践脱节。另外一种是按照教师教育实践的逻辑进行设计，一般包括教学设计、教学实施、教学评价、教学反思等环节，这种思路综合性、实践性强，与教师的实践紧密结合，容易与教师的工作对接，但对教师的素质的规定线索不容易看出来，对教师的自我发展和教师培训的设计也有不利的地方。因此，《标准及指导》把专业基础与专业实践结合起来，取二者之长。当然，这种结合的方法也难免会出现一些交叉重复的现象，我们努力避免，注意从不同的角度进行阐述。

4. 层次上，体现分阶段的原则

终身学习是教师专业发展中最突出的特点。教师专业发展标准应该分阶段描述，体现不同阶段的不同要求，然后通过递进式培训、自主学习与实践等，帮助教师从低一级的发展阶段提升到高一级发展阶段，这样标准就更具有指导性。

我们的研究提出六阶段，这就是从新手教师到合格教师的适应期、从合格教师到熟练教师的熟练期、从熟练教师到成熟教师的成熟期、从成熟教师到骨干教师的发展期、从骨干教师到专家教师的创造前期、从专家教师到教育家的创造后期，每个阶段有不同的发展特点与发展任务①。从大多数教师的实际考虑，也考虑教师发展阶段的连续性及发展阶段评价的复杂程度和难度，在标准制定时分阶段不宜过细，所以，我们把一二期整合成一个阶段、把四五期整合成一个阶段，保留第三阶段，去掉第六阶段，这样就构成三个过程。即“新手到熟练”“熟练到成熟”“成熟到卓越”。

(1)从新手到熟练。“新手”指新任教师，他们有一定的理论知识，但缺乏教学实际技能；“熟练”指熟练教师，他们有熟练的教学技能，对学生比较了解，较好地把握学科知识结构，但缺乏对学科思想方法的深度把握，以及对学生差异的把握。该阶段的发展任务主要是：学会分析教材内容，并逐渐把握学科知识体系；从初步了解学生，逐渐系统深入了解学生特点；初步掌握科学的教育方法和有效的教学技能，并逐渐熟练化。

(2)从熟练到成熟。“熟练”指熟练教师，“成熟”指成熟教师，他们对学科思想方法，学生差异有一定的把握，教学技艺成熟，但还没有形成自己

---

① 钟祖荣：《〈易经〉乾卦的过程思想与教师发展阶段理论》，载《北京教育学院学报》，2011(3)。

的教学特色和风格。该阶段的发展任务主要是：研究学科的本质和思想方法，深入了解并应对学生的差异，教学方法多样化、艺术化。

(3)从成熟到卓越。“成熟”指成熟教师，“卓越”指省市级骨干教师、学科带头人乃至特级教师，他们已形成自己的教学经验、思想和风格。该阶段的发展任务主要是：开展教育教学研究、改革、实验，总结反思教学经验、思想和风格并努力使之系统化。

“从新手到熟练”和“从熟练到成熟”两个阶段侧重给出教师素质的修炼过程中的要求，给出内容要点、操作要点和案例；“从成熟到卓越”阶段重点体现优秀教师多年修炼的效果，集中表现于对学生发展、学校组织发展和学科发展所产生的实际影响和作出的贡献。

5. 学科上，坚持分领域的原则

课题组首先研究教师专业发展的总标准，即一般标准；然后以此为框架，结合学科、领域的特殊性进行研究，体现学科和领域的特点。《标准及指导》按照语文、数学、英语、理科、社会科、体育、艺术、信息技术、综合实践活动与技术类九个领域编制，解析不同领域教师专业发展的特点、重点和困惑点。分领域分学科的特点，集中体现在教师对各领域的专业知识、课程知识、教学设计等方面，体现出各自的特色。

6. 运用上，体现操作性的原则

教师专业发展标准是用于实践的，特别教师在制定专业发展规划、进行实践反思的过程中，要参考标准的要求。但标准的文字一般比较简明概括，其内涵如何理解，包含什么具体内容，如何操作，都需要比较具体的解释和说明。因此，我们没有停留在描述标准上，而是就标准的条文进行内容说明和操作要点的说明，以利于使用。

四、内容结构

1. 标准的四层结构

标准包括维度、关键表现领域、标准(条目)、结果指标四层。维度包括专业基础和专业实践两维度，专业基础是教师应该具备的师德素养、知识素养，强调的是素养、基础和静态的素质；专业实践是指教师的教育教学活动以及自我发展的实践(包括教学研究与专业发展)，强调的是实践活动、实践能力和动态的素质。关键表现领域是两维度内容的细分，共计4个表现领域，即健全人格与职业道德、学科与教育教学专业知识、促进学生的学习与发展、教育教学研究与专业发展。标准(条目)又是对关键表现领域的细分，是比较概括的素质和行为表现，是标准的主体内容，共计20条一般标准，这些标准(条目)的描述尽量直接表达含义和意义，比如“关爱学生，教书育人”“设计合理的教学方案”。结果指标是标准的进一步细化，是教师在特定发展阶段专业基础和专业实践的具体要求，一条标准既细化为若干具体的要求，又体现出程度上的差异。各学科、领域在结果指标的多少上有所差异，一般有50多条。

2. 指导的三项内容

为帮助教师理解和实践标准，发挥标准的作用，《标准及指导》强调“指导”的功能。指导是针对中小学教师而言的，是对中小学教师理解标准的指导、是对落实标准要求的行为指导、是对反思教学实践、规划自身发展的指导。指导包括内容要点、操作要点、举例说明。专业基础部分主要是内容要点，侧重在具体的条目的含义、要素、内容的解析上；而专业实践部分主要是操作要点，侧重在行为的指导上，诸如操作的程序、要求、策略。举例说明是对重点与难点的实例呈现和实例示范。

3. 三阶段递进结构

《标准及指导》强调发展性、阶段性，所以，无论是在标准框架与标准内容中，还是在指导要点部分，我们都按照三个阶段阐述。

三阶段结果指标的描述是有程度差异的。总体看，是呈现递进式的发展。这涉及教师专业发展的模式或规律问题，即教师的专业发展是否总是递进式，这是需要进一步深入研究的。根据目前的调查研究，我们认为，教师在不同的阶段有不同的任务、关注点和特点，这种关注点和任务的重心转移，反映递进的特点。当然，具体到每一位教师，就可能呈现出五彩缤纷的样式，从发展速度上说，有的素质可能发展很快，而有的素质可能发展缓慢，甚至长期处于平台水平；从发展水平看，有的素质可能能够达到很高水平，而有的素质只能达到较低水平；从人际差异看，可能有的整体素质发展水平高，有的部分素质发展水平高、部分素质发展水平低，有的可能整体素质发展水平不高。处于某个阶段的教师主要看本阶段的要求。

五、相关概念

在《标准及指导》中，涉及诸多概念，在指导要点中对其有具体的解释和说明，但有关学科与教育教学知识部分，有几个概念是通用的，故在前言部分加以解释。

1. 教师的学科知识

教师的学科知识，依据不同的组织方式划分，包括两类，一类是作为一门学科（discipline）的知识，是根据知识的逻辑体系组织的；另一类是学校教学中一门课程的知识（subject），是基于学生学习心理而组织的知识体系。

作为一门学科的知识包括两个层次：低层为必要的基础知识和学科技能；上层为学科特有的视角、核心概念和方法。

作为一门课程的知识，包括对课程功能、性质等的认识，课标教材范围知识的体系、课标教材范围的知识、知识的组织与呈现方式以及上位的核心概念等。

2. 学科知识与技能体系

学科知识与技能体系，即我们平常所说的基础知识和基本技能的内容框架（包括组成部分和连接方式）。学科知识和技能体系是最基本的内容，是每位教师必须把握的，一般在课程标准中给出。

3. 学科知识与技能的层级结构

知识结构是指一个人经过专门学习培训后所拥有的知识体系的构成情况与结合方式。合理的学科知识结构是有层级的，具有“上、下位关系”。学科的知识层级结构如图 1-1 所示。

跨学科主题，是指不同学科、不同领域中共同存在的主题，比如循环主题，在地理、生物、历史等学科中均存在。

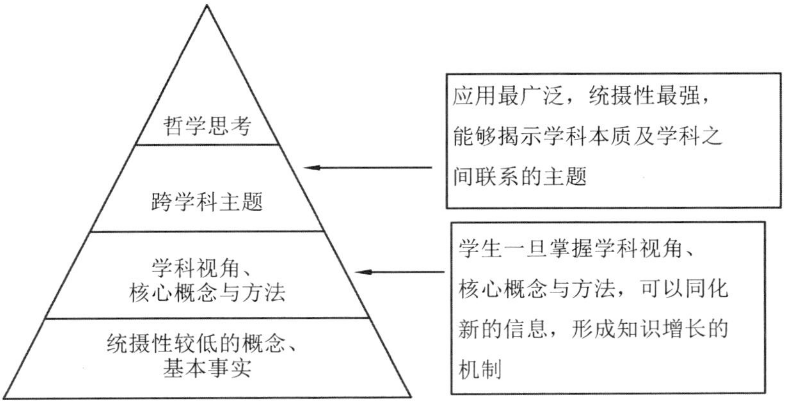

图 1-1　学科知识层级结构和作用示意图

核心概念(big idea)，实际上是学科中一些基本的、重要的观点和观念，某个学科的核心概念是在众多的事件、事实、现象的基础上归纳、推理出来的结论，是对同一类问题本质特征的概括①。通常是用一个命题、判断构成的。教学中让学生掌握这种核心概念，可以提高学生的概括水平、解释水平、应用迁移能力。有学者说："在构思科学教育的目标时，在知识方面不是用一堆事实和理论，而是用趋向于核心概念的一个进展过程。""这些核心概念及进展过程可以帮助学生理解与他们在校以及离开学校以后的生活有关的一些事件和现象。""许多知识领域都是这样的：构成一个知识领域，是因为具有核心的知识、技能和态度。"②2011 年版的义务教育课程标准，强调了教学中对核心概念的渗透。

4. 学科教学知识

学科教学知识(pedagogical content knowledge，简称 PCK)是舒尔曼 1986 年提出来的概念。他认为这种知识就是"对于一个人的学科领域中最一般的要教授的内容，表达那些概念的最有用的形式，最有效的比喻、说明、例子、解释以及演示——一句话，就是使人易于懂得该学科内容的表达和阐述方式"，它还包括"知道不同年龄和背景的学生在学习那些最经常

① California State Board of Education, *Science Education Framework*, 1998, pp. 28-32.

② [美]温·哈伦：《科学教育的原则和大概念》，第 2 页，韦钰译，北京，科学普及出版社，2011。

教授的课题时已具有的一些日常概念和先入之见，这些日常概念和先入之见会使具体内容的学习变得容易或困难”。这种知识是学科知识在教学应用中的转换形式，是特定的内容与教学法的整合或转换，是教师独特的知识领域，是他们专业理解的特殊形式，具有个体性、综合性、实践性、情景性。这种知识对教学的效果具有重要的影响。如图 1-2 所示。

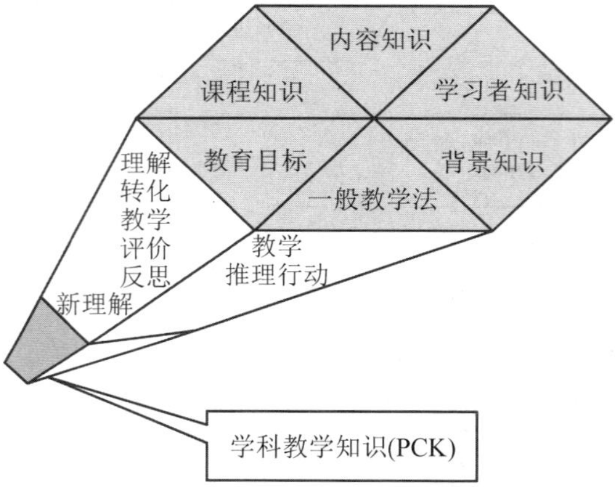

图 1-2　舒尔曼 PCK 结构图

1990 年格罗斯曼(Pamela L. Grossman)对 PCK 概念给予重要阐释，将 PCK 解析为以下四部分：①一门学科的统领性观点(关于学科性质的知识和最有学习价值的知识)；②学生对于特定学习内容易理解和误解的知识(学生理解能力的知识)；③特定学习内容在横向和纵向上组织和结构的知识(课程知识和教材知识)；④将特定学习内容呈现给不同学生的策略知识(知识的结构设计)。如图 1-3 所示。

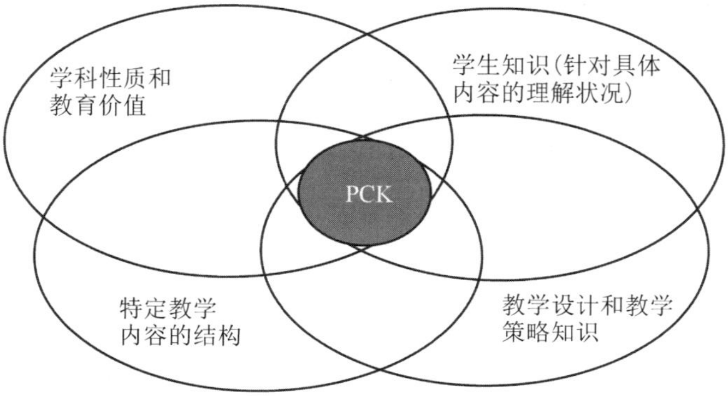

图 1-3　格罗斯曼 PCK 结构图

第二部分　语文教师专业发展标准

一、标准纲目

<table>
<tr><th rowspan="2">维度</th><th rowspan="2">领域</th><th rowspan="2">标准</th><th colspan="3">结果指标</th></tr>
<tr><th>新手到熟练</th><th>熟练到成熟</th><th>成熟到卓越</th></tr>
<tr><td>2</td><td>4</td><td>20</td><td>59</td><td>63</td><td>58</td></tr>
<tr><td rowspan="9">维度一　专业基础</td><td rowspan="4">领域一
健全人格与职业道德</td><td>1. 爱岗敬业，履职尽责</td><td>4</td><td>4</td><td>2</td></tr>
<tr><td>2. 关爱学生，教书育人</td><td>3</td><td>3</td><td>3</td></tr>
<tr><td>3. 为人师表，严谨治学</td><td>2</td><td>2</td><td>2</td></tr>
<tr><td>4. 热爱生活，身心健康</td><td>4</td><td>4</td><td>3</td></tr>
<tr><td rowspan="5">领域二
学科与教育教学专业知识</td><td>5. 关于学科的知识</td><td>3</td><td>3</td><td>3</td></tr>
<tr><td>6. 关于学生的知识</td><td>2</td><td>2</td><td>2</td></tr>
<tr><td>7. 关于课程的知识</td><td>2</td><td>2</td><td>3</td></tr>
<tr><td>8. 关于教学的知识及学科教学知识</td><td>1</td><td>1</td><td>2</td></tr>
<tr><td>9. 科学与人文素养</td><td>3</td><td>3</td><td>3</td></tr>
<tr><td rowspan="11">维度二　专业实践</td><td rowspan="8">领域三
促进学生的学习与发展</td><td>10. 创设良好的学习环境</td><td>2</td><td>2</td><td>1</td></tr>
<tr><td>11. 设计合理的教学方案</td><td>7</td><td>10</td><td>13</td></tr>
<tr><td>12. 实施有效的教学活动</td><td>8</td><td>6</td><td>5</td></tr>
<tr><td>13. 培养良好的学习习惯与指导学生学会学习</td><td>2</td><td>3</td><td>2</td></tr>
<tr><td>14. 开展多元的学习评价</td><td>4</td><td>4</td><td>4</td></tr>
<tr><td>15. 促进有效的课堂管理</td><td>1</td><td>1</td><td>1</td></tr>
<tr><td>16. 渗透思想品德教育与生活技能教育</td><td>1</td><td>2</td><td>1</td></tr>
<tr><td>17. 实施积极的安全教育与健康教育</td><td>3</td><td>3</td><td>1</td></tr>
<tr><td rowspan="3">领域四
教育教学研究与专业发展</td><td>18. 教育教学反思与行动研究</td><td>3</td><td>3</td><td>3</td></tr>
<tr><td>19. 团结协作与经验分享</td><td>2</td><td>2</td><td>2</td></tr>
<tr><td>20. 终身学习与持续发展</td><td>2</td><td>3</td><td>2</td></tr>
</table>

二、标准框架

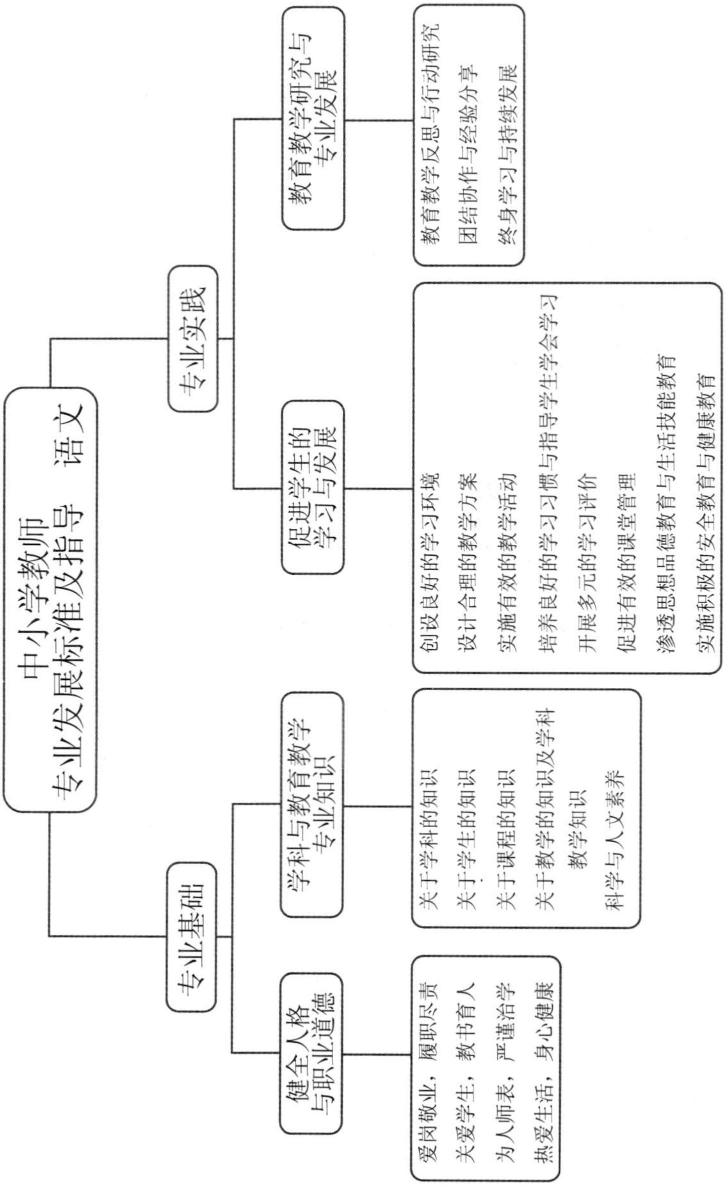
中小学教师专业发展标准及指导 语文
专业基础
健全人格与职业道德
爱岗敬业，履职尽责
关爱学生，教书育人
为人师表，严谨治学
热爱生活，身心健康
学科与教育教学专业知识
关于学科的知识
关于学生的知识
关于课程的知识
关于教学的知识及学科教学知识
科学与人文素养
专业实践
促进学生的学习与发展
创设良好的学习环境
设计合理的教学方案
实施有效的教学活动
培养良好的学习习惯与指导学生学会学习
开展多元的学习评价
促进有效的课堂管理
渗透思想品德教育与生活技能教育
实施积极的安全教育与健康教育
教育教学研究与专业发展
教育教学反思与行动研究
团结协作与经验分享
终身学习与持续发展

三、标准内容

维度一　专业基础

领域一　健全人格与职业道德

标　准	结果指标		
	从新手到熟练	从熟练到成熟	从成熟到卓越
1. 爱岗敬业，履职尽责	1.1 愿意从事教育事业。 1.2 了解并遵守教育法律法规。 1.3 明确教师职责。 1.4 有责任意识。	1.1 热爱教育事业。 1.2 自觉遵守教育法律法规。 1.3 认真履行教师职责。 1.4 具有责任感。	1.1 挚爱教育事业，全身心致力于学生的学习和发展，具有高度的责任感和奉献精神。 1.2 有强烈的事业心和教育理想与抱负。
2. 关爱学生，教书育人	2.1 关心学生。 2.2 平等公正地对待学生。 2.3 引导学生遵守学生守则，明辨是非。	2.1 热爱学生。 2.2 平等公正地对待每一位学生，尊重学生人格。 2.3 引导学生树立正确的人生观和价值观。	2.1 热爱并关注每一位学生，平等公正地对待每一位学生。 2.2 培养学生的健全人格，引导学生树立正确的人生观和价值观，能以行为诠释价值，成为学生健康成长的导师。 2.3 着眼于学生的素质提升、潜能发挥与可持续发展。

续表

标　准	结果指标		
	从新手到熟练	从熟练到成熟	从成熟到卓越
3. 为人师表，严谨治学	3.1 遵纪守法，以身作则。 3.2 努力钻研，熟悉业务。	3.1 遵纪守法，作风正派，公正廉洁，以身作则。 3.2 树立优良学风，刻苦钻研业务，不断学习新知识，改进教育教学方法，提高教育教学水平。	3.1 遵纪守法，作风正派，公正廉洁，以身作则。 3.2 具有对教育问题的宏观把握和批判性思维，问题意识与创新意识强，努力探索教育教学规律。
4. 热爱生活，身心健康	4.1 积极锻炼身体，增进身体健康。 4.2 积极乐观，具有爱心、同情心和正义感。 4.3 能够正确对待困难和挫折。 4.4 具有良好的生活情趣，至少培养一种有益身心健康的兴趣爱好。	4.1 积极锻炼身体，增进身体健康，合理分配精力，保持充沛的活力。 4.2 积极乐观、善良宽容，具有爱心、同情心和正义感。 4.3 能够正确对待困难和挫折，善于自我调节。 4.4 具有良好的生活情趣，至少具有一种有益身心健康的兴趣爱好。	4.1 以积极向上、宽容豁达的生活态度，强烈感染学生和周围的人。 4.2 从容面对困难和挫折，善于自我调节。 4.3 具有高雅的生活情趣和审美情趣。

领域二 学科与教育教学专业知识

标 准	结果指标		
	从新手到熟练	从熟练到成熟	从成熟到卓越
5. 关于学科的知识	5.1 掌握所教学段语文课程标准及教材中规定的、学生应积累的语言材料和语文知识。 5.2 了解本学段语文课程的知识体系和学生言语技能发展体系。 5.3 掌握中小学语文课程内容的支撑性学科如语言学、文艺学、文章学、口语学等方面的陈述性知识。	5.1 掌握所教学段之上下学段的语文课程标准及教材中规定的、学生应积累的语言材料和语文知识。 5.2 系统地把握语文课程的知识体系和学生技能发展体系，能够描述学科知识的层级结构。 5.3 不断丰富“怎样进行说读写”的程序性知识。	5.1 中文专业知识系统扎实、积累丰厚；在某些领域术有专攻。 5.2 整体把握语文课程知识体系，能够动态调整知识结构。 5.3 关注语言学、文学研究等方面的前沿成果，将其转化和运用于语文教学，进行语文课程知识的更新与创造。
6. 关于学生的知识	6.1 了解儿童发展心理学的基本内容，特别关注儿童语言与思维的发展规律。 6.2 了解教育心理学的基本内容，特别关注识字写字心理、听话说话心理、阅读心理及写作心理等语文教育心理学知识。	6.1 理解儿童发展心理学的基本内容，具有遵循儿童语言与思维发展规律开展教学的策略性知识。 6.2 了解教育心理学的基本内容，能将识字写字心理、听话说话心理、阅读心理及写作心理等语文教育心理学知识恰当地运用于日常语文教学中。	6.1 掌握儿童发展心理的基本内容，在遵循儿童语言与思维发展规律开展教学方面积累了丰富的策略性知识。 6.2 掌握教育心理学的基本内容，较全面地了解不同流派的学习心理学对语文教学各领域的具体影响，并能将语文教育心理学知识灵活而有效地运用于日常语文教学中。

续表

标　准	结果指标		
	从新手到熟练	从熟练到成熟	从成熟到卓越
7. 关于课程的知识	7.1 了解语文课程改革中提出的基本理念，理解语文课程标准对语文课程性质与地位、课程目标以及课程实施建议等的规定，并努力实践语文课程倡导的价值与行为。 7.2 了解所用语文教科书的内容、结构及编写思路，有整体把握语文课程内容的意识。	7.1 理解语文课程改革中提出的基本理念，掌握课程标准的相关规定，能用教学实践阐释语文课程改革倡导的价值及课程标准的基本理念与内容。 7.2 理解所用语文教科书的体系及其理论依据，知道如何创造性地使用语文教科书，并努力开发语文课程资源。	7.1 深谙语文课程改革的基本理念和课程标准的相关规定，能够认识到语文课程改革在实施中出现的误区与问题，并在教学中积极探索如何解决这些问题，积极推进语文课程改革。 7.2 能够比较研究当前不同版本语文教科书的体系，在教学实践中扬长避短，并积极开发、整合相关课程资源。 7.3 能够较好地把握语文课程设计及课程实施等基本理论知识，并能运用于校本课程的设计与实施中。
8. 关于教学的知识及学科教学知识	8.1 了解语文教学目标、语文教学原则、语文教学内容、方法及过程，现代语文教学技术以及语文教学评价等理论知识。	8.1 掌握语文教学目标、语文教学原则、语文教学内容、方法及过程，现代语文教学技术以及语文教学评价等理论知识。	8.1 精通语文教学论知识，勤于了解语文教学的前沿理论，不断更新自己语文教学观念并指导教学实践。 8.2 在语文教学实践中形成和创造学科教学知识，善于积累典型案例。

续表

标　准	结果指标		
	从新手到熟练	从熟练到成熟	从成熟到卓越
9. 科学与人文素养	9.1 初步了解科学素养与人文素养的内涵，认识到拥有广博的人文、社科、自然科学知识，对语文教学的重要意义。 9.2 有兴趣广泛涉猎语文专业之外的书籍杂志。 9.3 熟悉、认同本土文化，了解异域文化。具有传承中华优秀文化的责任感和加强国际理解的意识。	9.1 全面理解科学素养与人文素养的内涵。 9.2 有计划地阅读语文专业之外的书籍。 9.3 热爱本土文化，积极了解异域文化。具有传承中华优秀文化的强烈的责任感，具有国际视野。	9.1 深刻理解科学素养与人文素养的内涵，关注当代科学技术与人文研究的重大成果。 9.2 有计划地系统阅读语文专业之外的书籍。 9.3 热爱本土文化，积极了解异域文化。具有传承中华优秀文化的强烈的责任感和具体行动，具有增进国际理解与多元文化交流的能力。

维度二　专业实践

领域三　促进学生的学习与发展

标　准	结果指标		
	从新手到熟练	从熟练到成熟	从成熟到卓越
10. 创设良好的学习环境	10.1 保证教室里基本的物理环境良好，卫生整洁，座位布局合理，通风采光适宜。 10.2 创设课堂上良好的心理环境，让学生有安全舒适感。	10.1 积极创设教室里良好的物理环境，有序置放学习用具，精心设计墙报和饰品。 10.2 创设课堂上良好的心理环境，让学生有适度紧张感。	10.1 用心营造教室文化，与学生共同设计富有班级个性的物理环境，共同创建民主、包容又富有挑战性的人文环境。

续表

标　准	结果指标		
	从新手到熟练	从熟练到成熟	从成熟到卓越
11. 设计合理的教学方案	11.1 能够进行完整规范的教学设计。 11.2 正确理解和表述三维目标，特别是“过程与方法”。 11.3 围绕具体内容进行有效的学情分析，基于学生已有的认知水平确定教学内容。 11.4 识字教学、词语教学，能够掌握一定的科学的教学方法，减少机械记忆和错误联想；具有“在语境中理解词语”的意识。 11.5 阅读教学，能够独立解读课文，准确把握主旨；抓住语言本体；根据不同文体特点，正确提炼阅读教学内容。 11.6 作文教学，能够基于正确的作文观和作文教学观，确定作文教学的内容。能写下水文。	11.1 清楚地明白教学设计要做三件事，能够依据教学目标设计评价方案，实践“评价先行”的理念。 11.2 明辨教学与考试的不同性质，不把应试作为教学设计的全部出发点。能够提供教科书之外的恰当的学习资源。 11.3 根据实证的学情分析，准确把握教学重难点，从学生的问题出发展开教学。 11.4 根据比较系统的汉字学、词汇学知识，在识字教学与词语教学中能够分类教学，能够通过典型语境和恰当的比较，细致甄别词语含义。 11.5 阅读教学，能够基于对主旨的深刻理解，引导学生多元解读和多种体验，同时正确把	11.1 能够进行教学设计背后的学理分析，深刻理解语文学科的本质和思想方法。 11.2 具有“大语文观”，从学生语文素养发展的高度，沟通课内外学习，开发课程资源，系统规划语文教学活动。 11.3 深刻理解、善于挖掘各种教学内容在学生发展中的教育价值。能够把语文知识、他人的言语经验（文本）和学生的生活经验有机结合，实现杜威倡导的“知识与经验”的统一。 11.4 熟练运用汉字学、词汇学的理论知识，进行识字教学与词语教学的设计，如小学的字理识字，中学的文言训诂。

续表

标准	结果指标		
	从新手到熟练	从熟练到成熟	从成熟到卓越
11. 设计合理的教学方案	11.7 通读本学段语文教材，整体把握教材内容。依托教材的单元编排，进行单元教学设计。	握多元解读的限度；高度重视语言的品味，把语言品味与内容理解紧密结合。 11.6 阅读教学，善于把“讲课文”变成“教读法”，把知识目标转化为能力目标。 11.7 熟练运用阅读教学常用的五大策略。 11.8 坚持不懈地引导学生积累生活、思想和语言来作文。具有比较丰富的作文指导策略。勤于作文，能为学生示范。 11.9 紧扣教学目标，设计与之匹配的、符合学生认知规律的教学流程。教学环节清晰有效。 11.10 基于课程标准，整体把握语文课程内容。特别注意学段衔接问题。	11.5 阅读教学，能够根据不同的阅读目的和材料特点，系统传授不同的阅读方法；能够突破篇章教学的单调格局，指导非连续文本的阅读、整本书阅读。 11.6 具有丰富、系统而有创造性的阅读教学策略，能设计丰富的言语活动的变式训练。 11.7 能构建学段作文教学的序列。 11.8 研究中高考作文的命题和评价标准，具有丰富有效的考场作文指导策略。 11.9 善于设计“任务驱动”的教学思路。 11.10 能够将现代信息技术和网络平台，整合于语文教学设计。 11.11 根据语文知识的纵横联系与学生的能力发展结构，创造性地设计教学单元。 11.12 能够进行课程的开发与设计。 11.13 在教学设计中初步形成自己的语文教学思想和特色。

续表

标准	结果指标		
	从新手到熟练	从熟练到成熟	从成熟到卓越
12. 实施有效的教学活动	12.1 保持积极的心理状态，精神饱满进入课堂、满腔热情面对学生。 12.2 教学语言简洁清晰。具有较好的朗读水平，能够为学生范读课文。 12.3 板书、多媒体运用恰当。 12.4 具有基本的课堂调控能力，保证主要时间用于教学重点环节，完成预定的教学任务，并处理好预设与生成的关系。 12.5 课堂提问精当有序，追问灵活有效。 12.6 注意观察学生的学习状态、倾听学生的发言。给学生表达困惑和想法的机会，对学生的表现及时进行反馈评价。 12.7 组织游戏竞赛、小组讨论等学生活动，具有协调能力。	12.1 教学语言精练生动，富有亲和力。具有课堂变化能力。 12.2 能够针对教学重难点和学生的表现及时强化。 12.3 根据学生学习情况有效调控教学内容和节奏。 12.4 掌握转引、提示、深化、转问、反问、回问等高级提问技术。 12.5 认真倾听，及时而正确地反应；能调动学生群体参与教学活动。 12.6 能够组织有效的合作学习，体现学习的社会性。	12.1 语言表达水平高超，极富感染力；有幽默才能。朗读接近专业水平。 12.2 能用诗意的语言对作品进行二度阐释。 12.3 具有果断的教学决策能力，能够根据学情变化，灵活调整教学的内容、顺序和方法。 12.4 高度关注学生的学习表现，具有敏锐的洞察能力与机智的反应能力。 12.5 关注个体差异，进行分层指导。

续表

标准	结果指标		
	从新手到熟练	从熟练到成熟	从成熟到卓越
12. 实施有效的教学活动	12.8 指导学生独立阅读、练习和实践，避免满堂灌，落实语文教学的实践性原则。		
13. 培养良好的学习习惯与指导学生学会学习	13.1 认识到一般学习习惯与语文习惯的重要性，在课堂教学与课外指导中，注意培养学生的习惯。 13.2 掌握一定的学习策略，注意教给学生学习方法。	13.1 在课堂教学与课外指导中，高度重视、坚持不懈地培养学生良好的学习习惯。 13.2 指导学生习得自主、合作、探究的学习方式。 13.3 熟悉多种学习策略，能够相机进行策略性知识的教学。	13.1 系统掌握多种学习策略，能够有计划地进行策略性知识的教学，时刻渗透学法指导。 13.2 在语文教学中训练学生学会思维，培养问题意识，特别注意培养创新思维与创新精神。
14. 开展多元的学习评价	14.1 把握学业评价标准（课程标准、考试大纲等）对学生语文学业水平的具体规定，理解各目标动词的含义。 14.2 能够从基础知识、语料积累、语文能力、思维发展、情感态度等各个方面系统评价学生的语文学习状况。	14.1 灵活选择不同的评价工具和方法，设计表现性评价方案，实现过程性评价和结果性评价的有机结合。 14.2 通过学生自评、生生互评以及师生互评等方式实现评价主体多元化。 14.3 能够选择和编制不同难度的题目、设计不同的作业方式。能够独立编制单元考试、期末考试的试题，进行试卷分析。	14.1 鼓励目标参照、自我参照评价，慎用常模参照评价，能进行差异评价。 14.2 能够对学生的学业评价进行连续性的系统设计，采用系列的追踪和连续性的评估策略评价学生进展。 14.3 能对大规模、标准化考试进行命题与试卷分析，掌握撰写试卷评价报告的方法和技术。

续表

标　准	结果指标		
	从新手到熟练	从熟练到成熟	从成熟到卓越
14. 开展多元的学习评价	14.3 能够对练习册中的题目进行取舍选择。 14.4 能够指导学生进行自评。	14.4 能够有效利用评价结果，根据评价结果对学生个别辅导或分层辅导，调整教学进度和教学策略。	14.4 了解国内外语文能力测试研究的进展，选择先进的方法，灵活运用于自己的教学。
15. 促进有效的课堂管理	15.1 能够建立教学常规，维持课堂纪律和正常的教学秩序。	15.1 能够妥善处理各种突发事件和师生冲突，克服沟通障碍。	15.1 通过良好的师德修养和丰富的沟通策略，通过吸引学生的教学活动进行课堂管理，创造富有生机的课堂生态。
16. 渗透思想品德教育与生活技能教育	16.1 学习、掌握生活技能教育的知识和方法，具有培养学生生活技能的意识。	16.1 深入领会生活技能教育的知识和方法。 16.2 初步掌握渗透生活技能教育的方法。	16.1 结合语文学科的特点，强调学生“言语交际能力”的培养。
17. 实施积极的安全教育与健康教育	17.1 关心学生的身体健康，鼓励学生积极锻炼身体。 17.2 具有关注学生心理健康的意识。	17.1 关心学生的身体健康，鼓励学生积极锻炼身体。 17.2 掌握有关学生心理健康的知识和方法，关注学生心理健康。	17.1 能积极开展以预防为主的安全教育、健康教育，培养学生良好的心理品质；关注学生的个体差异，为有需要的学生提供支持和帮助。

续表

标准	结果指标		
	从新手到熟练	从熟练到成熟	从成熟到卓越
17. 实施积极的安全教育与健康教育	17.3 主动地维护学生的人身安全，引导学生树立自我保护的意识，提升自我保护的能力。	17.3 对学生的人身安全、网络信息安全、用电设备安全负有责任感，遇有突发事件时救助学生。	

领域四　教育教学研究与专业发展

标准	结果指标		
	从新手到熟练	从熟练到成熟	从成熟到卓越
18. 教育教学反思与行动研究	18.1 经常有意识地反思自己的教学，形成教学反思习惯。 18.2 具有问题意识，能够把工作中遇到的问题进行梳理或转化为研究专题。 18.3 初步了解确定研究课题与教育研究的基本方法。	18.1 变经验性教学为反思性教学，提升教学实践的合理性。 18.2 尝试使用观察法、调查法、文献法、案例法、叙事研究和经验总结法。 18.3 了解研究成果的表现方法。	18.1 思维敏锐，对教育情境产生直觉的、深刻的、整体而全面的理解，能够很快辨认出显著的信息，关注异常信息；具有分析性思考和概念性思考的能力。 18.2 善于提出并解决教育教学中的重要问题，开展教育教学实验，深入研究教育规律，形成独特的教育教学思想或教学风格。

续表

标准	结果指标		
	从新手到熟练	从熟练到成熟	从成熟到卓越
18. 教育教学反思与行动研究			18.3 注重研究成果的形成，能够在学术刊物上发表研究论文或出版专著，使研究成果具有更广泛的辐射作用，并使成果得到同行的关注、讨论和认可。
19. 团结协作与经验分享	19.1 具有团队合作意识。 19.2 积极参加研修活动，虚心求教。	19.1 能够把个人发展目标与学校发展目标相结合。 19.2 善于发现和学习他人的优点；主动提供自己的经验；通过合作解决教育教学中的问题。	19.1 把自己的经验结构化、形成可以传递的知识形态；引领团队的专业研修活动，使团队成员受到启发并产生把研修结果运用到工作的动机。 19.2 作为专业领域的领军人物，在专业学会和广大教师中发挥引领作用。
20. 终身学习与持续发展	20.1 养成读书和独立思考的习惯。 20.2 具有探索和研究的意识，积极吸收新理念、新方法。	20.1 保持学习和反思的习惯。 20.2 对发现的教学问题进行探索和研究。 20.3 积极参加校本研修活动及各级各类教师培训，制定中长期专业发展规划，建立开放的、动态发展的知识与能力结构。	20.1 具有高度的专业敏感性和吸收、转化能力。 20.2 不断给自己规划更高的职业目标，行走在能力的极限上，不断促进知能持续发展。

四、相关说明

中小学语文教师专业发展标准的基本框架，即两大维度、四个领域、二十条标准，是总课题组对各学科的统一规定。为了凸显学科特色、适应语文教师发展的实际需求，我们对二十条标准的“结果指标”做了认真研究，试图贯彻以下原则：

1. 精简结果指标

对于语文教师需要的素质和能力，不求面面俱到，但要突出核心问题，以免整部书稿繁冗而湮没重点。

2. 突出阶段差异

同一条标准，进行要素分解后，把不同要素作为结果指标分布在不同发展阶段，尽量减少重复。

比如，“教学设计”是一项系统工程，需要教师同时考虑诸多因素。但为了避免各阶段教师在“教学设计”方面发展目标的冗杂和趋同，我们认为：对语文教学而言，新手教师的主要问题是学习教学设计的规范，并重点把握“正确提炼教学内容”的立课根基；熟练到成熟的教师，则需在“教学内容正确”的前提下，重点考虑“教学流程”的设计，并不断丰富教学策略；成熟到卓越的教师，则应富有创造性的“教学策略”。

“语文教学设计”还要考虑的一个重要方面，是教师对语文课程内容、教材内容、教学内容的整体把握(因为相较于其他学科，语文课程缺少明晰线性的知识体系，又必须以具体的文本作为能力训练的载体，教学很容易陷入孤立的单篇教学，成为一盘散沙)。我们认为，新手教师，首先要学会通读整套教材、依托教材整体把握教材内容的体系、设计单元教学；熟练到成熟的教师，则需重视和熟知语文课程标准，依托课标整体把握课程内容的体系，同时关注到学段衔接问题；卓越教师，则能突破教材局限，以宽广的视野、充足的底气，进行创造性的单元教学设计，乃至课程设计。

3. 在阐述一般要求的同时加强现实针对性

撰写书稿时，我们时刻想着当前中小学语文教学的问题与症结所在，因此，我们选取的结果指标要点，力求强烈的现实针对性。出于长善救失的原则，我们不仅从正面阐述各阶段教师应该具备的素质和能力、列举优秀教师的成功课例；而且关注现实问题，从反面提醒教师应该避免的做法和倾向，列举反面课例，以求克服当前语文教学普遍存在的弊端。

4. 协调理想和现实的矛盾

在标准研制过程中，一线教师普遍反映标准要求高；但实际上，很多标准是教师应该达到的，甚至是保证语文教学质量的合格标准。但现实中，语文教学质量堪忧，教师对语文教学基本规律的理解和把握滞后于教学需要(原因有二：一是职前师范教育和职后培训的失误；二是语文课程与教学理论研究的薄弱)。那么，我们撰写的标准是俯就现实还是提出理想？我们现在制定的各阶段结果指标，主要是根据该阶段教师应该达到的水平来定位，比如"新手到熟练阶段"的标准，写的是"熟练教师"应达到的水平。标准总体上比较偏重理想，因为标准理应发挥积极的导向作用。

5. 注意专业发展阶段与教龄、资历的不完全匹配

比如，一位功底扎实、头脑灵活、勤奋探索的年轻教师，可能工作三五年，就达到了成熟水平(第二阶段)；相反，依靠资历取得高级职称的某些教师，可能在工作 15 年后仍然达不到第二阶段的某些要求。所以，教师的教龄、职称等，对于自身发展阶段而言，只具有参考价值。

还需说明：专业水平发展到某个阶段的教师，不一定是二十条标准样样达标，只是符合大多数要求。标准及指导的意义，就是为各阶段教师提供查缺补漏、自我完善的路径。同样，整体水平尚未达到某个阶段的教师，也可能做到该阶段的某些要求。

6. 处理好"专业基础（知识）"与"专业实践（能力）"的关系

教师的专业实践能力，其实就是专业知识的灵活运用。不同领域的结果指标，在某些条目的内涵上有所重复，请读者理解。

第三部分 指导要点

一、从新手到熟练

维度一 专业基础

领域一 健全人格与职业道德

标 准	结果指标
1. 爱岗敬业，履职尽责	1.1 愿意从事教育事业。 1.2 了解并遵守教育法律法规。 1.3 明确教师职责。 1.4 有责任意识。

1.1 愿意从事教育事业。

【内容要点】

有朴素的情怀，喜欢孩子，喜欢课堂，喜欢正在做的这份工作。

从事教育事业，是本人愿意从事的事业。作为社会的一员，必须勇于承担自己的社会责任，能够清醒地认识到自己的言行代表着教师群体，始终要注意其产生的社会影响、社会效益。作为一名人民教师，自己的为人处世、治学态度、行为习惯甚至服饰仪表都会直接对学生产生影响，起着极为重要的作用。

1.2 了解并遵守教育法律法规。

【内容要点】

从进入教师队伍的第一天起，教师就要了解和遵守一些重要的教育法律法规，如：

《中华人民共和国教育法》，1995 年，9 月 1 日起施行。

《中华人民共和国义务教育法》，2006 年 6 月 29 日修订通过，9 月 1 日起施行。

《中华人民共和国教师法》，1994 年 1 月 1 日起施行。

《中华人民共和国未成年人保护法》，2006 年 12 月 29 日修订通过，2007 年 6 月 1 日起施行。

1.3　明确教师职责。

【内容要点】

按照《中华人民共和国教师法》的界定，教师的身份为“履行教育教学职责的专业人员”。其总的职责应该归结为教书育人，具体可见下面几条：

(1)遵守宪法、法律和职业道德，为人师表。

(2)贯彻国家的教育方针，遵守规章制度，执行学校的教学计划，履行教师聘约，完成教育教学工作任务。

(3)对学生进行宪法所确定的基本原则的教育和爱国主义、民族团结的教育，法制教育以及思想品德、文化、科学技术教育，组织、带领学生开展有益的社会活动。

(4)关心、爱护全体学生，尊重学生人格，促进学生在品德、智力、体质等方面全面发展。

(5)制止有害于学生的行为或者其他侵犯学生合法权益的行为，批评和抵制有害于学生健康成长的现象。

(6)不断提高思想政治觉悟和教育教学业务水平。

1.4　有责任意识。

【内容要点】

明确教师的角色定位，明确教师对自己和他人、集体和家庭、国家和社会所应承担的义务，在履行义务的过程中获得正确的情感体验。

标　准	结果指标
2. 关爱学生，教书育人	2.1　关心学生。 2.2　平等公正地对待学生。 2.3　引导学生遵守学生守则，明辨是非。

2.1　关心学生。

【内容要点】

关心学生是每位教师应尽的道德善性，要不断更新教育观念，树立人人成才观念。要坚持以学生为本的教育，面向全体学生，促进学生成长、成才。要有意识地从学生的学习、安全教育，健康教育、思想教育等方面关心学生。具体如下：

(1)关心学生的思想和生活，利用课余时间接触学生，了解学生在想什么、需要什么。

(2)关心学生的学习，发现和重视学生在学习中的优点和困难，想办法让每个学生都在原来的基础上提高，并使周围的学生和家长认同学生的提高，增强学生对学习的信心。

2.2　平等公正地对待学生。

【内容要点】

平等是尊重，是伦理原则上的公正。但并不是抽象意义上的平均。在教育实践生活中，落实平等意味着如何将“一视同仁”和“因材施教”进行结合。所以，这里的平等指的是学生所得到的人格上的尊重，而因材施教则是方法意义上的平等。

2.3　引导学生遵守学生守则，明辨是非。

【内容要点】

(1)教师要在日常的教育活动和交往中，帮助学生完成从自律到他律的转化，提高学生自我教育的能力。

(2)教师要帮助学生了解并熟悉学生守则，让学生在身边熟悉的事例中体会学生守则。

(3)教师要在平时的交往中帮助学生建立正确的是非观念。

(4)教师要通过主题班会或其他主题活动帮助学生明辨是非。

(5)教师要在日常的学科教学中对学生加以正确的引导。

(6)教师还要在交往中及时发现学生的错误并及时纠正错误。

标　准	结 果 指 标
3. 为人师表，严谨治学	3.1 遵纪守法，以身作则。 3.2 努力钻研，熟悉业务。

3.1　遵纪守法，以身作则。

【内容要点】

已熟知主要教育法规的基本内容与要求，能以有关具体规范为准，进行自我监督、自我约束。在完成所承担的学校各项工作任务中，能有效调控自己的教育教学言行，已开始由他律向自律的转变。

3.2　努力钻研，熟悉业务。

【内容要点】

熟知专业规范，包括课堂教学与课堂管理的规范，班主任工作的基本内容与班级管理的基本要求以及学校工作的其他专业规范，掌握了教师的基本工作技能。对于教育教学及其管理工作中出现的常见问题，能借助于专业理论的指导，进行迅速诊断，并灵活有效地予以解决。

标　准	结果指标
4. 热爱生活，身心健康	4.1　积极锻炼身体，增进身体健康。 4.2　积极乐观，具有爱心、同情心和正义感。 4.3　能够正确对待困难和挫折。 4.4　具有良好的生活情趣，至少培养一种有益身心健康的兴趣爱好。

4.1　积极锻炼身体，增进身体健康。

【内容要点】

参加体育锻炼活动，可使人具有健康的身体，使身体机能获得全面发展。同时，本阶段的语文教师还要遵循自觉性、经常性、循序渐进、因人而异、适量性的基本原则增进身体健康，具体要点是：

(1)认识健康对人的生活和工作的意义，理解锻炼对健康的价值。

(2)初步养成科学饮食、定期体检和定时锻炼的习惯。

(3)保持合理的体重、充足的体力和旺盛的精力。

4.2　积极乐观，具有爱心、同情心和正义感。

【内容要点】

(1)积极乐观

基本理解个人与他人、个人与集体、个人与社会以及个人与工作和生活的关系，常怀自律之心、感恩之心、奉献之心和平常之心；对未来充满希望，对自己较有信心，对他人心怀同情与感恩，对组织与事业比较认同。具有善良之心，初步形成职业认同感。

(2)爱心

拥有仁慈之心，善待弱小者。以对学生为例，爱心体现在尊重学生的人格，相信学生的发展潜力和成长的力量，平等地对待每一位学生，能够理解与宽容学生，关心与关爱学生；使学生能够在理智与情感交融的氛围中享受爱的滋养，实现快乐成长。

(3)同情心

对弱小者有所觉察、理解，并能够产生情感共鸣；能够给予弱小者帮助。同情和帮助弱小者，给学生示范同情心；关爱和帮助成长中的学生，让学生体验同情心；引导学生爱护与帮助弱小者，使学生富有同情心。

(4)正义感

具有追求正义、伸张正义的道德意识和道德情感；处理事情合情合理，为人正直正义；尊重和遵守制度、规则和程序；不伤害他人、不侵犯他人的基本权利；遇到不公平的事情敢于直言，主持正义；能够鄙视非正义的行为。

4.3 能够正确对待困难和挫折。

【内容要点】

本阶段语文教师常见的困难和挫折主要体现为专业困难和人际关系困难两方面。专业困难——不能良好胜任本职工作所带来的生理和心理上的倦怠，应当通过学习，促进自身的成长与发展，进而高效工作。人际关系困难——师生或者同事关系的困难，需要调整自己的心理状态，准确定位，掌握心理调整的技术和方法。正确对待困难和挫折的要点包括：

(1)能够理解困难与挫折乃是人生之常事，而且能够认识到，克服困难、经历挫折可以培养人的意志、勇气，锻炼人的能力。

(2)对待困难，能够寻找困难存在的主客观原因，厘清解决困难的思路，选择解决问题的方法，较好地解决困难。

(3)面对挫折，能够不怨天尤人，并具有较大的信心和勇气迎接挫折，朝着既定的目标，加倍努力；同时，具有一定宣泄方法，以摆脱工作和生活压力。

4.4　具有良好的生活情趣，至少培养一种有益身心健康的兴趣爱好。

【内容要点】

现代生活是丰富多彩的，这一阶段的语文教师要有意地充实自己，追求有情趣、有品位的生活，开阔视野，陶冶高尚的情操。具体要点包括：

(1)能够认识生活情趣的含义，理解良好的生活情趣对身心调节和对工作促进的价值。

(2)至少培养一种有益身心健康的兴趣爱好，如打球、游泳、跑步、下棋、登山、散步等体育类活动，或者唱歌、弹琴、绘画、吟诗、跳舞等艺术类活动，抑或是养花、喂鸟、钓鱼、摄影、旅游、会友、烹调生活类活动。

领域二　学科与教育教学专业知识

标　准	结果指标
5. 关于学科的知识①	5.1　掌握所教学段语文课程标准及教材中规定的、学生应积累的语言材料和语文知识。 5.2　了解本学段语文课程的知识体系和学生言语技能发展体系。 5.3　掌握中小学语文课程内容的支撑性学科如语言学、文艺学、文章学、口语学等方面的陈述性知识。

5.1　掌握所教学段语文课程标准及教材中规定的、学生应积累的语言材料和语文知识。

【内容要点】

中小学语文课程，重在培养学生的语文能力和语文素养。语文能力或素养的形成，离不开大量的语料积累，即足够的识字量、丰富的词汇量以及句段篇章的阅读和背诵。“积累”在语文学习中独特而重大的意义，超出其他任何学科。积累的对象不限于语言材料，还包括生活阅历、思想情感、百科知识等；但作为语文学科知识，语料积累是其核心。同时，能力型、

① 本条标准所阐述的观点，主要来自王漫：《语文课程知识的选择》，北京师范大学博士论文，2005。

素养型学科的教学质量，高度依赖教师自身的能力和素养。这就意味着，要引导和熏陶学生勤于、乐于、善于积累，语文教师必须从自身做起。

新手教师走向熟练，至少要掌握所教学段语文课程标准及教材中规定的、学生应积累的语言材料，特别是那些需要熟读背诵的经典的句段篇章。凡是要求学生背诵默写的作品，教师必须首先掌握，并且更为牢固。

字词句段篇章，是无限的语料和作品，对语言现象和言语运用规律和艺术的总结，就是语文知识。语文课程标准里明确提出的知识，既有静态的陈述性知识(如语法、修辞、文学常识等)，也隐含着动态的“怎样理解和运用语言”的程序性知识。凡是学生需要掌握的语文知识，教师必须首先准确、系统地掌握。

5.2 了解本学段语文课程的知识体系和学生言语技能发展体系。

【内容要点】

语文课程知识，指中小学语文课程内容中，关于语言本体和言语运用的规律、规则、方法、特征、理念。语文学习，必须依托具体的言语作品(课文)、要开展丰富的言语实践活动，言语作品和言语活动是语文课程内容的鲜活血肉；语文课程知识则是对具体言语经验的概括，是语文课程内容的骨骼。语文课程不是知识型课程，语文教学不能始于知识、归于知识，但能力和素养的形成，离不开特定的知识作为支撑。

从发展学生各方面语文素养的需要看，语文课程知识可分成六类：①现代书面语的运用——读写知识；②文学素养——文学知识；③语言材料积累、语言本体认识——语言学与现代汉语知识；④口语素养——口语知识；⑤文言文阅读——文言文知识；⑥文化修养与个人兴趣——渗透的百科知识与选修的专题知识(文化、学术知识)。

需要说明的是：

(1)以上六类知识，在不同学段有不同的侧重和要求。比如，小学识字教学，需要正确的文字学知识；中学、特别是高中的文言文教学，需要深厚的文言文知识(尤其是训诂学知识)；口语知识在小学阶段也特别重要。

(2)对于语文课程知识，我们没有用语文知识或语文学科知识的概念，因为后二者内涵复杂、容易引起歧义。

(3)语文课程知识，不一定都是直接呈现给学生的，不一定都以理论的、系统的形态摆在学生的课本中，但教师却必须心知肚明。只有当教师掌握了正确、系统的语文课程知识，才能在教学中，使知识化抽象为具体，化理性为感性，化显在为潜行，化公共为个体。抽象、理性、显在、公共的知识，是教师拥有的，后者则是学生内化的。学生（尤其是低年级）可以不知道语言学、文艺学的诸多理论和术语，但他们的言语实践活动却要受这些知识的指导，也在无形中运用着这些知识；学生不必以理论方式把握的知识，教师却必须熟稔于胸。

总之，语文教师，应该从入职开始，就对语文课程知识的含义和功能有清醒认识，并逐渐系统地把握本学段语文课程的知识体系；而学生的言语技能发展体系，就是以这些知识为基础，构筑的训练序列。

5.3　掌握中小学语文课程内容的支撑性学科如语言学、文艺学、文章学、口语学等方面的陈述性知识。

【内容要点】

中小学课程内容的支撑性学科，是指可以直接作为某门课程的知识原料库的学科。如历史课程的支撑学科是历史学；物理课程的支撑学科是物理学；支撑政治课程的学科可以是哲学、政治学、经济学、社会学等；语文课程内容的支撑性学科（一级学科）主要是语言学与文艺学。此外，文章学与口语学，分别研究书面语与口头语的构成和运用，也是中小学语文课程知识的主要支撑学科。还需要指出，横跨语言学与文艺学的当代显学——文体学、修辞学的研究成果，也应成为中小学语文课程知识的有力支撑。

以上这些主要学科，语文教师都应该积极关注和广泛涉猎。

语言学和文艺学的知识谱系列举如下：

语言
- 语言（静态的结构）
  - 口头语：语音、语义、语法
  - 书面语：字形、字音、字义、语法
- 言语（动态的运用）：修辞学、语用学、言语交际学……

理论语言学
- 1. 普通语言学：
- (1) 语言学元理论(语言哲学)
- (2) 语言结构各部分的研究(静态)：语音学、语义学、词汇学、语法学、文字学……
- (3) 语言运用的研究(动态)：修辞学、语用学、篇章语言学、言语交际学……
- 2. 语言和其他领域的交叉学科：心理语言学、社会语言学、文化语言学、人类语言学、计算语言学……
- 3. 描写语言学：现代汉语学、古代汉语学、英语学……(各种语言具体特点的理论)

应用语言学①
- 一般应用语言学：语言教学、标准语的建立和规范化、辞书编纂、翻译……
- 机器应用语言学：实验语言学、机器翻译、情报检索、文字信息处理、自然语言理解、言语统计……

文艺学
- 文学理论(文论)：基本原理、文学社会学、文学心理学……
- 文学史：古代文学、现当代文学、外国文学……
- 专题研究：民间文学(泛化为民俗学)、儿童文学、比较文学……

上述知识，基本就是大学中文系学习的专业知识。语文教师在入职前，可能有个人的兴趣偏好(比如喜爱文学、忽视语言学)，一旦成为语文教师，就应该扬长补短，让自己的专业知识结构趋向完整，有意识、有计划地查缺补漏，并根据中小学语文教学的需要，特别强化某些领域知识的深入学习。比如，小学语文教师，必须对儿童文学有专门研习，才可能在执教小学课本中大量的儿歌、童话、寓言故事等儿童文学作品时，真正懂得这些作品的独特价值，教出儿童文学的特点和魅力。

知识分为静态的陈述性知识与动态的程序性知识，前者是后者的基础。新手教师，首先要不断巩固和深化大学中文系学习的陈述性知识。

---

① 这是《中国大百科全书·语言文字》对“应用语言学”的分类。对“理论语言学”的分类，是笔者的归纳。

标　准	结果指标
6. 关于学生的知识	6.1　了解儿童发展心理学的基本内容，特别关注儿童语言与思维的发展规律。 6.2　了解教育心理学的基本内容，特别关注识字写字心理、听话说话心理、阅读心理及写作心理等语文教育心理学知识。

6.1　了解儿童发展心理学的基本内容，特别关注儿童语言与思维的发展规律。

【内容要点】

了解儿童发展心理学的基本主题，初步建构儿童心理发展的思考框架；掌握儿童心理发展阶段特征以及制约儿童心理发展的因素；了解儿童发展心理学的基本理论，主要有：皮亚杰(Jean Piaget)的“认知发展理论”、埃里克森(Erik H. Erikson)的“心理社会发展理论”、华生(John B. Watson)的“行为主义理论”、维果斯基(Лев Семёнович Выготский)提出的“最近发展区”观点等。

本阶段的小学语文教师应能从儿童心理发展的视角观察、分析小学生成长中的问题，并尝试解决。尤其应在语文教学中，要有意识地观察小学生语言与思维发展的特点，撰写并积累观察记录，为实施发展性教学而积极储备。

本阶段的中学语文教师应了解中学生的身体变化及其对心理发展的影响；理解中学生认知的发展、情绪、人格及社会性的发展，帮助中学生塑造健全的人格。还应从儿童心理发展的视角观察、分析中学生成长中的问题，并尝试解决。尤其应在语文教学中，要有意识地观察中学生语言与思维发展的特点，撰写并积累观察记录，为实施发展性教学而积极储备。

6.2　了解教育心理学的基本内容，特别关注识字写字心理、听话说话心理、阅读心理及写作心理等语文教育心理学知识。

【内容要点】

了解教学情境中“学与教”互动过程特点；了解行为主义学习理论、认知派学习理论以及人本主义学习理论的基本观点及其局限性。掌握建构主义理论的知识观、学生观和学习观的基本观点等，并应用于语文教学和指导学生的语文学习；了解学生学习的实质、类型、学习过程和个体差异；

了解学生知识的获得和技能形成以及态度与品德形成的心理过程、影响条件等，并能指导语文教学；了解学习动机理论，在语文教学中注重激发学生的学习兴趣。

除了对上述教育心理学的基本内容有所了解外，处于从新手到熟练阶段的中小学语文教师还应学习识字写字心理、听话说话心理、阅读心理及写作心理等语文教育心理学知识。

识字写字心理：从识字心理的角度来看，“认识”汉字就是建立音、形、义之间的四种联系；“会写”汉字就是建立音、形、义之间的六种联系，并掌握程序性知识①。以“认”“写”分流，多“认”少“写”，先“认”后“写”，“认”繁“写”简等为特征的分进合击的做法才真正符合汉字学习规律。

听话说话心理：听和说是口头语言的两种表现形式，是人们运用语言材料和语言规则进行口语交际活动的过程②。根据现代认知心理学的研究，听话和说话都涉及复杂的心理活动过程。2001 年第八次基础教育课程改革以来，我们以“口语交际”取代了“听说”。口语交际是言语知识和交际技能的结合，不仅要注意听说的品质，还要注意交流的恰当、得体、机敏。学生的句法规则积累的差异直接影响其搜寻、加工的速度和准确性。

阅读心理：从心理学的角度看，阅读是一种从书面符号中获取意义的心理过程③。行为主义心理学、认知心理学及建构主义心理学对阅读及阅读教学的阐释各不相同。如从认知心理学的角度来看，阅读是一个复杂的知觉和认知过程，包括操控眼球的移动、字词层次的视觉编码(visual encoding)、从记忆中提取字义(lexical access)和篇章层次的整合(integration)④。心理词典和图式是重要的阅读背景知识。建构主义视野下的阅读观则更重视个体对篇章意义的建构以及社会互动、协商中的意义建构。

写作心理：写作是由思维到表达的心理过程。心理转换理论认为，学

① 董蓓菲：《语文教育心理学》，第 155 页，上海，上海教育出版社，2006。

② 同上书，第 150 页。

③ 朱作仁、祝新华：《小学语文教学心理学导论》，第 127 页，上海，上海教育出版社，2001。

④ Daneman, M. , Individual differences in reading skills, In R. Barr, M. L. Kamil, P. B. Mosenthal & P. D. Pearson (Eds.), *Handbook of reading research*, 1991, Vol. 2, pp. 512-538, New York: Longman.

生把思维活动转变为语言表达的心理过程中，存在着一个极为重要的因素，即“转换”。刘森认为，从思维到外部书面言语表达，经过三级转换。第一级转换是从思维到内部言语的转换；第二级转换是从内部言语到外部口头言语表达的转换；而内部言语到外部书面言语表达的转换要经过二级转换过程并进入到三级转换。

【举例说明】　　　　了解学生的心理词典

心理词典，是指个体头脑中储存的词汇以及对其含义的理解。区别于物理词典对某个词语的固定而统一的解释，不同个体的心理词典中对某个词语的理解是不尽相同的。比如：

初三期中考试有一道课外现代文阅读题，要求学生阅读《我的老师》，理解“我用儿童狡猾的眼光觉察，她爱我们，并没有存心要打的意思。”一句中“狡猾”一词的含义。初三(2)班除了语文课代表的理解正确，其他同学都没得分。

语文课代表在读完文章题目时，“狡猾”这个词作为新的文字材料信息就激活了他长时记忆储存中的“狡猾”这一个心理词条：“狡猾”的本意是“狡诈”“圆滑”，是贬义词。这从感情色彩的角度看显然与原文的意义不相吻合。但该生具备词语感情色彩活用的知识，便主动建构“狡猾”是贬义词褒用这一意义。于是他就获得了准确的语义信息，自觉理解“狡猾”一词的准确含义：“狡猾”一词体现了学生的淘气、机灵，表现了学生对老师的爱戴、理解。而有的学生心理词典虽有“狡猾”这个词条，但他所学的“狡猾”词义知识是和“贬义词”结合起来存储的，由于缺乏词语感情色彩活用的知识，虽成功提取信息，但无法理解句中的含义。还有的学生虽然心理词典中具有该词条，但仍提取失败，这往往与该生词条存储方式密切相关。因为他们对知识的存储只是零碎的、机械的堆积，所以临场提取时，就像是在杂乱无章的心理词典中“大海捞针”，解码速度大大降低。当然，也不排除有的学生的心理词典中没有“狡猾”这一词条，他也无法回答此题。①

① 孙忠芳：《试论影响阅读能力差异的因素》，见董蓓菲：《语文教育心理学》，第169页，上海，上海教育出版社，2006。

标　准	结果指标
7. 关于课程的知识	7.1　了解语文课程改革中提出的基本理念，理解语文课程标准对语文课程性质与地位、课程目标以及课程实施建议等的规定，并努力实践语文课程倡导的价值与行为。 7.2　了解所用语文教科书的内容、结构及编写思路，有整体把握语文课程内容的意识。

7.1　了解语文课程改革中提出的基本理念，理解语文课程标准对语文课程性质与地位、课程目标以及课程实施建议等的规定，并努力实践语文课程倡导的价值与行为。

【内容要点】

(1)语文课程改革的基本理念

当前正在推进的第八次基础教育课程改革中，义务教育阶段语文课程的基本理念包括：①全面提高学生的语文素养；②正确把握语文教育的特点；③积极倡导自主、合作、探究的学习方式；④努力建设开放而有活力的语文课程。义务教育阶段的语文教师在入职到熟练阶段应该充分了解这些基本理念，有意识地在教学中践行这些改革理念。

根据新时期高中语文教育的任务和学生的需求，高中语文课程的基本理念有：①全面提高学生的语文素养，充分发挥语文课程的育人功能；②注重语文应用、审美与探究能力的培养，促进学生均衡而有个性地发展；③遵循共同基础与多样选择相统一的原则，构建开放、有序的语文课程。高中语文教师在入职到熟练阶段应该充分了解这些基本理念，有意识地在教学中践行这些改革理念。

在把握国家课程标准的基本理念时，中小学语文教师都必须重视语文课程的特殊性：①这是一门能力型而非知识型课程，所以教学中要坚决贯彻“实践性原则”，大力扭转“讲读中心”之风；②这是一门人文性课程，所以要高度重视它对学生精神发展的影响；③这是一门素养型课程，所以不能急功近利、机械训练，要高度重视语料积累和习惯方法的养成，重视课外语文学习，坚定“大语文教学观”；④语文课程内容、教材内容、教学内容是三个概念，语文教学内容需要教师精心的提炼，这是它显著区别于其他课程的重要特点；⑤所谓“工具性与人文性的统一”，必须统一在语言本体，不能离开文本及其言语形式，单就言语内容盲目拓展；⑥阅读中的“对话”意识和表达中的“交际”意识，是具有纲领性的教学理念。

(2)语文课程标准的基本内容

现行的语文课程标准即《义务教育语文课程标准(2011年版)》和《普通高中语文课程标准(实验)》。在新手到熟练阶段，任教1～9年级的语文教师必须通读《义务教育语文课程标准(2011年版)》，高中语文教师必须通读《普通高中语文课程标准(实验)》。每一位语文教师必须熟悉课程标准中涉及自己任教学段、年级的具体内容。当然，条件允许的情况下，鼓励大家通读两部课程标准，以便对整个基础教育阶段语文课程的安排有所了解。

【举例说明1】 “语文素养”的内涵①

语文素养，是指学生在语文方面表现出的“比较稳定的、最基本的、适应时代发展要求的学识、能力、技艺和情感态度价值观”，具有工具性和人文性统一的丰富内涵，是《全日制义务教育语文课程标准(实验稿)》和《普通高中语文课程标准(实验)》中的一个核心概念。……课程标准中采用“素养”一词，还有这么两层意思：一是将“素养”理解为“比较稳定的、最基本的、适应时代发展要求的学识、能力、技艺和情感态度价值观”；二是认为基础教育中各个阶段的“素养目标”是有层次差别的。……语文素养包含哪些方面的内容？说它包含语文的积累、语感、语文学习方法和习惯、识字写字能力、阅读能力、写作能力和口语交际能力，一般都能接受，要说它包含思维品质、文化品位、审美情趣、知识视野、情感态度，特别是“思想观念”，可能有人觉得不好理解。……无论是从语文课程的特点还是从课程发展的趋势来看，语文学科需要一个新的核心概念，用以综合比“语文知识”“语文能力”更加丰富的内容，“语文素养”这一概念就是这样“应运而生”的。

【举例说明2】 高中语文课程标准对作文教学的要求

众所周知，写作能力是学生语文能力宝塔的顶端，是一个人语文水平的最高体现。作文教学理应处在整个语文教学的核心位置。

课标对“表达与交流”的要求是“能考虑不同的目的要求，以负责的态度陈述自己的看法，表达真情实感，培育科学理性精神。”“书面表达要观点明确，内容充实，感情真实健康……在表达实践中发展形象思维和逻辑思维，发展创造性思维……表达力求准确、鲜明、生动。”在“实施建议”的部分，

① 语文课程标准研制组：《普通高中语文课程标准(实验)解读》，第65～67页，武汉，湖北教育出版社，2004。

课标再次强调“引导学生表达真情实感，不说假话、空话、套话，避免为文造情。”“对于写作的评价，应关注学生的写作态度和写作水平。论述类文本写作的评价，应考察能否恰当地表达自己的观点，并能用可靠的材料支撑观点。实用类文本写作的评价，应考查学生能否根据此类文本中常用文体的特点和要求，完成常见实用文的写作。”

课标中没有“文学类”写作的要求。它对高中作文教学只是要求“进一步提高记叙、说明、描写、议论、抒情等基本表达能力，并努力学习综合运用多种表达方式”。而它在“评价”的部分却提到“议论类文本”和“实用类文本”，由此可以推断，课标是把“议论类”和“实用类”作为教学重点的。这样的规定，符合高中学生心理发展阶段的实际，符合他们今后学习、工作的实际需要。特别是议论类文本的写作，它要针对现实的“问题”提出观点与主张，并且要通过申述、论证使读者信，使读者服，对于发展学生的逻辑思维，培育他们的科学理性精神和负责任的态度，具有无可替代的作用。

中学教育属于基础教育，是为人的发展打基础的。作文教学是语文教学的重要组成部分，而语文学科则是学科教学中最具基础性的一科。上面的这些要求，都是科学中肯而实事求是的。对此，语文界同仁也大都形成共识，至少没有过多的争议。①

7.2 了解所用语文教科书的内容、结构及编写思路，有整体把握语文课程内容的意识。

【内容要点】

语文教科书是语文课程内容的物质载体，是语文课程资源的重要组成部分。认真研读所使用的语文教科书，熟悉其内容、结构及编写思路，是处于新手到熟练阶段的中小学语文教师首要任务。

在现实情境中，中小学语文教师往往只关注当前所教的某一册教科书，而且对这一册教科书关注的焦点也多集中在选文和课后习题上。这里我们强调：教师要有“通读”教科书的意识。也就是说，教师眼中不能只有一篇篇的选文、一道道的课后思考题，还应关注由选文、课文注释、课后习题、单元活动等共同构成的“单元”以及单元的排布。除此之外，“通读”的内容，

① 张彬福：《普通高中语文课程分析与实施策略》，第378～379页，北京，北京师范大学出版社，2010。

还应该包括教科书编者撰写的教科书编写说明等资料，以便对所用教科书的整体编写思路有所了解。而"通读"的范围，则不应局限在自己所教的某一册教科书中，可以是所教这一册教科书的前一册和后一册。对小学语文教师而言，鼓励通读一至六年级的全部十二册教科书；初中语文教师最好能通读七至九年级的全部语文教科书；高中语文教师最好能够通读高一至高三的所有必修教科书和选修教科书。借助通读教科书来"瞻前顾后"，可以帮助本阶段的中小学语文教师逐渐形成整体把握语文课程内容的意识。

标　准	结果指标
8. 关于教学的知识及学科教学知识	8.1　了解语文教学目标、语文教学原则、语文教学内容、方法及过程，现代语文教学技术以及语文教学评价等理论知识。

8.1　了解语文教学目标、语文教学原则、语文教学内容、方法及过程，现代语文教学技术以及语文教学评价等理论知识。

【内容要点】

(1)语文教学目标

教学不可能没有教学目标。教学目标在教学中有三种功能：指导教学方法、技术、媒体的选择与运用；指导教学结果的测量与评价；指引学生学习①。语文教学之所以效果不好，最主要的原因可能是目标定位不当。关于语文教学目标的理论知识，需要关注以下要点：①区分行为目标与表现性目标；②了解布卢姆(Benjamin S. Bloom)的教育目标分类系统和加涅(Robert M. Gagne)的学习结果分类系统；③了解如何科学地陈述语文教学目标。

(2)语文教学原则

语文教学原则是反映语文教学规律，用以指导语文教学实践的基本法则。基于语文课程既有的实践经验，并吸收语文教育理论研究的最新成果，可以认为语文教学在遵循一般教学原则②的基础上，还必须遵循如下几条

① 皮连生：《学与教的心理学(修订版)》，第227～228页，上海，华东师范大学出版社，1997。

② 我国教育理论界公认的一般教学原则有：科学性与思想性统一的原则，理论联系实际的原则，传授知识与培养能力、发展智力相统一的原则，教师指导作用与学生主动性相结合的原则，启发性原则，直观性原则，巩固性原则，循序渐进原则，因材施教原则等。

语文课程特有的教学原则：言语训练与语言教学相互协调的原则；言语形式与言语内容互为表里的原则；阅读、写作与口语交际相辅相成的原则；学校语言学习与家庭、社会语言学习结为一体的原则①。

(3)语文教学内容、方法及过程

阐述语文教学论的书籍大多都采取分领域论述的方式来呈现语文教学内容、方法及过程等方面的理论知识：识字写字教学、阅读教学、习作教学、口语交际教学、语文综合性学习教学等。在每一个具体领域中，围绕教学策略、教学方法、教学过程等来阐述。

(4)现代语文教学技术

现代教学技术以多媒体技术和网络技术为核心，其主要特征是多媒体化、信息流、网络化和智能化②。现代教学技术丰富了语文教学的信息贮存和传递渠道。中小学语文教师应重视多媒体技术在语文课堂教学中的运用，熟悉并能使用一种或多种媒体，如录音媒体、幻灯媒体、投影媒体、录像媒体、计算机媒体等，知道现代语文教学媒体的选用原则与要求，掌握常用语文教学课件的制作与使用。

(5)语文教学评价

教学评价是以教学目标为依据，运用可操作的科学手段，通过系统地收集有关教学的信息，对教学活动的工程和结果作出价值上的判断，并为被评价者的自我完善和有关部门的科学决策提供依据的过程③。语文教学评价至少涵盖两方面的内容：判断教学活动是否达到语文教学目标；评定学习结果达到语文教学目标的程度。也就是说，语文教学评价包括以教师语文教学工作为对象的教学评价，以及以学生为对象的教学评价④。

对于本阶段的中小学语文教师，建议主要了解以学生为对象的语文教学评价，尤其要重视课堂教学评价的策略及方法。

---

① 朱绍禹：《中学语文课程与教学论》，第 141 页，成都，四川教育出版社，2006。

② 吴忠豪：《小学语文课程与教学论》，第 402 页，北京，北京师范大学出版社，2008。

③ 施良方、崔允漷：《 教学理论：课堂教学的原理、策略与研究》，第 330 页，上海，华东师范大学出版社，1999。

④ 同②，第 22 页。

标　准	结果指标
9. 科学与人文素养	9.1　初步了解科学素养与人文素养的内涵，认识到拥有广博的人文、社科、自然科学知识，对语文教学的重要意义。 9.2　有兴趣广泛涉猎语文专业之外的书籍杂志。 9.3　熟悉、认同本土文化，了解异域文化。具有传承中华优秀文化的责任感和加强国际理解的意识。

9.1　了解科学素养与人文素养的内涵，认识到拥有广博的人文、社科、自然科学知识，对语文教学的重要意义。

【内容要点】

科学与人文素养，不是指各领域专家拥有的知识和水平，而是现代社会的每一位公民、每一个体，都应具备的通识性的知识、技能、方法、态度和观念。无论从社会发展、民族振兴还是从个体幸福来说，提高全民族的科学人文素养，提高每一位公民和个体的科学人文素质，都是极为重要的。调查资料表明，我国民众的科学素养和人文素养，在世界各国的排名中境况堪忧。

教师，作为社会成员中文化程度较高的群体，理应具备较好的科学人文素质，成为不断提高自身科学人文素养的楷模。同时，教师拥有的人文、社科、自然科学知识越是广博，越能够在自己的学科教学中纵横捭阖、游刃有余。正如顾明远教授指出："唯有教师本身的底蕴深厚、视阈宽广、心灵纯净、情趣高雅，才能给予素质教育中的学生，最深层的滋养和最有力的引导；也只有志存高远、知识丰富、悟彻人生的人，才能真正悟出培养人才、促进人生成长的教育的真谛，才能在教育教学中有所创新。"①

(1)科学素养的内涵

人们对科学素养的理解不尽一致，比如，世界经济合作与发展组织(OECD)认为："科学素养是运用科学基本观点理解自然界并能做出相应决定的能力，还包括能够确认科学问题、使用证据、做出科学结论并就结论与他人进行交流的能力。"综合学者们的观点，科学素养的内涵主要包括三

---

①　中国教育学会主编：《教师人文读本》(四册)，序言，北京，石油工业出版社，2011。

个部分：掌握科学术语、常识和基本观点；了解科学方法和科学探究过程；认识科学对个人和社会的影响。

(2)人文素养的内涵

乐黛云教授在推介《人文社会科学是什么》丛书时指出："人文素质是人对生活的看法，人内心的道德修养，以及由此而生的为人处世之道。……要培养和提高自己的人文素质，首先，要知道在历史的长河中人类创造了哪些不可磨灭的最美好的东西；其次，要以他人为参照，了解人们浩瀚的知识、艺术海洋中是如何吸取营养、丰富自己的；最后，要勤于思考，敏于选择，身体力行，将自己认为真正有价值的因素融入自己的生活。"①

(3)人类知识的分类

三类知识	研究对象	探求的内容	学科举例
自然科学	自然	规律	物理、化学、生物、天文、地理……
社会科学	社会	规则	政治、经济、法律、社会……
人文学科	人生	意义	文学、历史、哲学、艺术、宗教……

需要说明的是：面对统一的世界和人生，很多综合性的学科以问题为中心，兼有三类知识的属性，比如环境科学、生命科学，乃至心理学、教育学。

(4)语文教师应有的知识结构

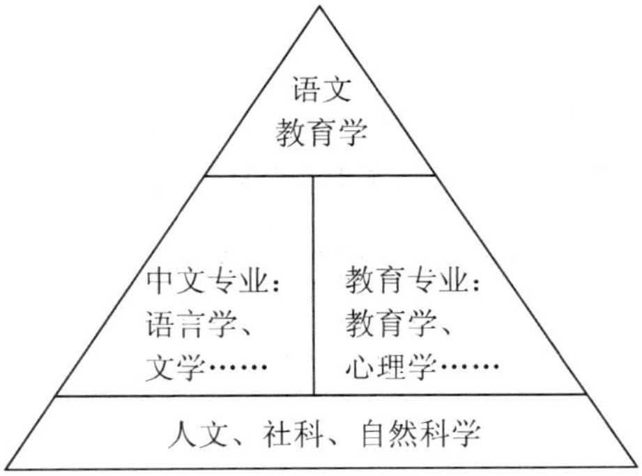

① 乐黛云：《人文素质在哪里》，"人文社会科学是什么"丛书序言，北京，北京大学出版社，2002。

9.2　有兴趣广泛涉猎语文专业之外的书籍杂志。

【内容要点】

提高科学与人文素养，最重要的途径就是读书。语文教师在研读教材和教参、阅读本专业书籍的同时，还要养成广泛涉猎“课外书”的兴趣和习惯。语文教师的工作极其繁重，语文备课与批改作业的难度和付出的精力超过其他学科；但是，也没有任何一个学科的教学像语文这样，需要教师拥有宽阔的知识面与多种素养。因此，语文教师必须学会合理安排读书时间，不要整月整年地囿于教材、与世隔绝。时间是海绵里的水，只要有意识、有决心，课外阅读的时间总是能挤出来的。新手教师在走向熟练的过程中，要花费很大精力学习教学，但也应坚持至少每月读一本非消遣性的课外书。

除了各类书籍，建议教师经常翻阅《读书》《国家地理》等优秀的科学人文类杂志，还可以在网上浏览科学技术与社科人文方面的鲜活信息。

9.3　熟悉、认同本土文化，了解异域文化。具有传承中华优秀文化的责任感和加强国际理解的意识。

【内容要点】

本条指标，把教师的科学与人文素养归结到“文化”的高度。

“文化”有多种含义，如果把“文化”理解为人类创造的一切成果，可分为物质文化、制度文化、精神文化三个层面。根据雷蒙·威廉斯(Raymond williams)的观点，“文化”可以概括为“一个民族、一个时期、一个团体或整体人类的特定生活方式”，其核心是特定的价值观。根据不同的分类标准，文化类型可分为东方文化/西方文化/社会主义文化，古典文化/现代文化/后现代文化，大众文化/精英文化，通俗文化/高雅文化，主流文化/边缘文化等。本条指标所说的“本土文化”，包括祖国文化和家乡文化；“异域文化”，包括外国文化和异地文化，比如，中国各少数民族的文化。

中小学语文课程，作为母语的学习，在传承中华民族优秀文化方面具有特殊优势和重大责任；因此，语文教师要格外重视自己在传统文化方面的积淀，加强传承中华优秀文化的责任感。同时，要不断了解异域文化，加强国际理解。践行《义务教育语文课程标准(2011年版)》总目标中的规定：“认识中华文化的丰厚博大，汲取民族文化智慧。关心当代文化生活，尊重多样文化，吸收人类优秀文化的营养，提高文化品位。”

要全面系统地认识中华文化的特征，建议老师们通读《中国文化概论》（张岱年、方可立主编，北京师范大学出版社出版）；要了解异域文化，可翻阅“名家通识书系”（北京大学出版社出版）中的《美国文化与社会十五讲》《欧洲文明十五讲》《俄罗斯文化十五讲》等书籍。

维度二 专业实践

领域一 促进学生的学习与发展

标 准	结果指标
10. 创设良好的学习环境	10.1 保证教室里基本的物理环境良好，卫生整洁，座位布局合理，通风采光适宜。 10.2 创设课堂上良好的心理环境，让学生有安全舒适感。

10.1 保证教室里基本的物理环境良好，卫生整洁，座位布局合理，通风采光适宜。

【操作要点】

环境对人的重要影响不言而喻。学生们整日整年地坐在教室里学习和生活，首先要感到安全舒适，才可能健康顺利地学习和发展。创设良好的学习环境，不仅是班主任的职责，也是每一位科任教师的义务。新手教师，首先要对学习环境的重要性有充分认识，落实基本的环境要求。

良好的学习环境包括教室的物理环境与课堂上的心理环境。

物理环境方面，教师应随时教育督促学生爱护教室的环境卫生，让大家处在一个清新整洁的场所；摆放座位时，要保证师生在课堂上行走和交流的道路通畅，保证每一个学生都能公平地拥有学习机会（比如都能看清黑板和投影，都可以走出座位演板或与师生交流）；教室的光线要适宜，不能昏暗或刺眼；教室要通风顺畅（特别是教室小、班额大的情况，一定要避免空气污浊），冬暖夏凉；要避免教室外的噪声干扰。

10.2　创设课堂上良好的心理环境，让学生有安全舒适感。

【操作要点】

心理环境方面，要让学生感到安全、放松、愉快。这种感受来自两种关系，一是和谐美好的师生关系；二是亲切友善的同学关系。因此，教师应该用心地关注、尊重、爱护每一个学生，课上与课间，加强与学生的个别交流，拉近与学生的心理距离；同时，注意观察学生之间的关系，对于被同学边缘化的学生予以关怀和支持，引导全体学生互相尊重、互相帮助。

标　准	结果指标
11. 设计合理的教学方案	11.1　能够进行完整规范的教学设计。 11.2　正确理解和表述三维目标，特别是“过程与方法”。 11.3　围绕具体内容进行有效的学情分析，基于学生已有的认知水平确定教学内容。 11.4　识字教学、词语教学，能够掌握一定的科学的教学方法，减少机械记忆和错误联想；具有“在语境中理解词语”的意识。 11.5　阅读教学，能够独立解读课文，准确把握主旨；抓住语言本体；根据不同文体特点，正确提炼阅读教学内容。 11.6　作文教学，能够基于正确的作文观和作文教学观，确定作文教学的内容。能写下水文。 11.7　通读本学段语文教材，整体把握教材内容。依托教材的单元编排，进行单元教学设计。

11.1　能够进行完整规范的教学设计。

【操作要点】

新手教师走向熟练，在教学设计时，首先要做到教案形式上的完整、规范。

完整的教学设计，主要包括五大部分：教材分析、学情分析、教学目标、教学过程、评价方案。规范的设计，要特别注意：确定教学目标之前要有背景分析；教学目标不能空洞抽象，要具体、集中；教学环节不能雷同，要有时间预设；要进行评价设计。

(1)教材分析

教材分析应包括以下要点：

①单元结构分析。如果执教单篇课文，要把课文放在教材体系和单元中定位；我们更提倡单元教学设计：把握知识之间、文本之间的内在联系，实现课程知识的结构化与教学内容的序列化。

②课文分析。独立解读文本，摆脱教参依赖。文本分析要特别注意：理解文章的精髓和要义，避免肤浅和标签化的解读；注意文体特征，强化文体意识；确定课文功能：定篇、例文、样本、用件。

③教材中助读系统、练习系统、知识系统的分析。如单元提示、课前导读、页下注释、课后习题、插图等，对这些资源进行批判性地使用。

(2)学情分析

怎样做学情分析，我们放在下一个要点中展开说明。

(3)教学目标

①确立教学目标的三原则：具体、集中、恰当。

具体：指目标的内涵明确，不空泛。比如“通过小组合作交流，提高学生解答问题的能力”之类的教学目标，就未免空泛，这不是某节课或某几节课的教学目标，而是需要长期培养的课程目标。又如，有教师把《晏子使楚》的教学目标定为“学习晏子的说话艺术”，但教师没有明确“类比譬喻”“避实就虚”等论辩策略。目标不具体、不明确，导致教学内容的实际缺失，以致教学效果空落，学生学完这一课，对于“晏子的说话艺术”，说不出个一二三。

集中：是指一节课(或一篇课文、一个单元)的目标不能过多，能真正做到“一课一得”已很不易。

恰当：恰当的依据是课程体系与单元结构中的位置，文本自身的特点(特别注意文体特点)，学生情况。

要基于文本分析和学情分析确定教学目标，特别是要和学情分析相匹配。比如学情分析谈到：学生很难体会某些含义深刻的语句；那么教学目标中就应该有：“理解一些含义深刻语句的内涵”。

②教学目标的表述原则。

主语应是学生。不能写成“使学生……”“培养学生的……”

加强逻辑性，各条目标之间不能重复、交叉。

不能把教学目标混同于教学过程或教学策略。如“初读课文”“了解课文大意”“感知课文内容”“通过朗读和讨论”等字样，就不宜写在目标里。

恰当选择目标的行为动词。如“体会”作者的思想感情，“理解”本文的主题。

注意兼顾“三维目标”，尤其是对“情感态度”和“方法”目标的单独表述，可以提醒老师们摒弃“知识点本位”的教学思想，思考这节课要教学生什么具体方法、渗透什么情感态度。关于三维目标的理解和操作，我们将在下节展开说明。

目标应该可观察、可操作。

（4）教学过程

设计教学过程，就是考虑教学环节以及其中包含的教学策略。

“教学过程”部分，一般是教案中文字最多的部分。需要注意的是：好的过程设计，不是相关材料和解读结论的堆砌，而是要把结论转化为“问题”与“活动”。

①一定要有问题设计，特别是纲领性问题（主干问题），并对主问题进行适当分解，给学生的思维搭设必要的台阶。

②要有学生活动的设计（包括课后作业），特别是任务驱动式活动，真正落实以学生为主体的阅读活动。

（5）评价设计

现代教学设计的新理念，主张“基于评价的教学设计”。这里说的评价，是对学生的评价（而非对教师、对课堂教学的评价），是针对学生这节课或这篇课文、这个单元学习效果的评价。简单说，就是教师怎样知道学生学到了什么程度？用什么方法和工具判断学生是否达成了预期目标？关于怎样做评价设计，我们在熟练到成熟期教师发展指导中再举例说明。

11.2 正确理解和表述三维目标，特别是“过程与方法”。

【操作要点】

关于“三维目标”，要有这样的理解：

第一，“三维目标”不能理解为“知识”“能力”“德育”，特别是“情感态度价值观”不能窄化为“德育”。比如，审美的情感体验就不等于“德育”。

第二，“三维目标”具有内在的统一性，是同一个教学内容或教学活动所包含的三种价值、折射出的三道光芒，不要误解为做三件事。

第三，“过程与方法”中的“过程”，不是教师设计的教学过程，而是学生实际学习的过程体验，很难写在教学预案里；“方法”，不能理解为教学方法如讨论、探究等，而是学生通过本课的学习，需要掌握的方法，包括特定内容的学习方法、思维方法。需要注意的是：阅读课中的“方法”，不是课文的写法。见“举例说明”的分析。

第四，“能力”与“方法”实质相通。“能力”就是熟练运用各种方法；熟练掌握、灵活运用了“方法”，就是能力；“能力”的自动化，就是“习惯”。

自主、合作、探究，是抽象的学习方式，不是某节课作为教学目标的“方法”，后者应该是特定教学内容所体现的思维方法、学习方法。如阅读中的圈点批注、多重提问、诵读涵泳、情景再现等。

第五，“情感态度价值观”，要契合学科的特点和内在要求。语文科要培养的情感态度，最重要的是：对母语的认同和热爱；对语言文字的恭敬；阅读中理解作者，作文中尊重读者，口语交际时注意倾听、清晰表达，对听众负责。

第六，三维目标实现的时间是不等值的。“知识”目标可能在一节课落实，“能力和方法”则需要反复多次训练，“情感态度价值观”更需要长期的熏染。

【举例说明】 八年级课文《口技》的教学目标

1. 知识、能力：①指导学生能用普通话正确、流利、有感情地朗读课文直至背诵课文。(朗读能力)②指导学生积累本文出现的重点实词、虚词、多义词。(词语积累)③指导学生能借助注释和工具书理解课文的基本内容，在整体感知的基础上感受作者生动细致的描写、清晰明了的思路。(理解能力、感知能力)

2. 过程、方法：指导学生在“熟练朗读课文—准确复述文意—理解文章内容—想象情景场面—体味内容情味”的学习过程中，进一步学习本文“生动逼真的描写、清晰明了的结构、正侧结合的手法”。

3. 情感、态度、价值观：学生能感受到口技艺人的高超技艺，并能深切地领会到口技这一传统民间艺术的魅力。

案例分析：

这位教师为《口技》一课确立的教学目标，经过了深思熟虑，要点比较全面和正确，但在表述上还存在以下问题：

(1)维度1、维度2与维度3的主语不统一。

(2)“能用普通话正确、流利、有感情地朗读课文”一句，是《义务教育语文课程标准(2011年版)》的原话，也就是说，这是课程目标，而不是具体到某篇课文的教学目标。中小学语文教材中，大量的课文都需要学生朗读，朗读能力也要持续不断地训练。但是，三年级到九年级的朗读能力目标能完全一样吗？事实上，我们应该根据不同年级学生的朗读发展水平、根据不同课文训练朗读的不同价值，有梯度、有针对性地确定朗读教学目标。比如，《口技》是八年级的一篇文言文，学生已有一定的文言诵读基础，只要熟悉了课文并多次练习，容易做到“正确、流利”，但“有感情”一条，对本文来说，应要求“读出紧张和舒缓交替的场景，把握全文张弛的节奏”。把教学目标明确到这一步，课堂教学中才不至于“学生随便读读，读成什么样就算什么样”。不要把“能用普通话正确、流利、有感情地朗读课文”粘贴为任何课文的教学目标第一条，尤需提醒小学语文教师。

(3)“积累本文出现的重点实词、虚词、多义词”，最好能明确指出本文需要积累哪几个实词、虚词、多义词。重点明确突出，才有利于目标的落实和检测。

(4)“学习本文生动逼真的描写、清晰明了的结构、正侧结合的手法”，只是文章的写法，未必是学生学完本文能够掌握的方法。实际上，如果学生不能学会如此写法、不能如此作文，这种手法就仍然只是关于文章写作特点的知识，而不是学生学会的方法。

11.3　围绕具体内容进行有效的学情分析，基于学生已有的认知水平确定教学内容。

【操作要点】

学情分析切忌空泛，特别是阅读教学中的学情分析，必须针对具体课文。包括以下要点：

(1)对于这篇课文，学生的兴趣点和问题是什么？他们能够读懂什么，读不懂什么？比如，

对于《秋天的怀念》，学生能读懂“怀念”和“母爱”，读不懂“秋天”和“生命”；

对于《行道树》，学生能读懂“奉献”，读不懂的是“痛苦”和“叹息”；

对于《大自然的语言》，学生能读懂季节变化的景物描写，读不懂的是物候和气候的内在关系……

(2)跟本文相关的学习基础：已有的知识、生活经验；认识水平，情感态度，阅读习惯、是否读过相关文章等。比如《司马光》一课，许多小学生不知道什么是“缸”，生活中没有见过缸，因此难以理解“司马光砸缸”是怎么回事。

(3)学生的认知规律、思维方式。比如，小学和初中低年级孩子的理性概括能力不强，提问设计，就不能先从理性概括问题开始。

(4)某篇文章，适合哪个年龄段的学生阅读？不同年龄段的学生阅读同一篇课文，需要达到什么不同的理解层次？同一篇文章在不同时间多次阅读，有什么不同的目的和要求？教师还应意识到，理解经典作品常常需要时间的沉淀，反复阅读，常读常新。

比如，马丁·路德·金的《我有一个梦想》，被选入人教版高一、语文版初二教材，那么，高一与初二学生阅读理解的起点和目标应该有何不同呢？

又如，窦桂梅老师在小学六年级教读《丑小鸭》全本(6000多字)，显然不同于小学三年级课文删节本(300多字)的教学。而人教版七年级教材中也选了《丑小鸭》，初中老师又该教些什么、教到什么程度呢？

学情分析，可以简单分成两大方面：一是生活和情感体验的基础(非智力因素)；二是认知和理解能力的基础(智力因素)。

备课时，要做实证的学生调研。其意义在于：避免备课想当然，学生已经知道的还在低水平重复；学生不知道的、理解不深的，上完课后，仍然不知道。

学生调研的方法：观察、访谈、作业分析(前测、诊断)。比如，让学生先写一写对课文的感受和理解，提出或回答一些问题。

【举例说明】　中学阅读教学中的学情调查[①]：

1. 学生初读《孔乙己》后的感受和问题：

文章很有趣，孔乙己说话幽默。

---

① 资料来源：由北京教科院基教研中心李卫东提供。

对孔乙己有一种惋惜，又气他不上进。

开朗、幽默，给人带来欢笑。

为什么说“大约孔乙己的确死了”?

孔乙己为什么没有真实姓名?

孔乙己是一个好人还是一个坏人?

2. 学生阅读“新闻”的经验和印象：

学生获取新闻的最主要途径是电视，而非报纸。

绝大部分学生感兴趣的首先是社会新闻；其次是文化、时政、体育。

新闻就像写日记，和日记没啥区别，都是记录身边的新事情。

与作文不同，不使用修辞方法。

新闻的内容没有感情或看法，只是对一件事情的介绍和叙述。

案例分析：

以上学情调查的信息，向我们呈现出学生在文本理解和文体认识上的障碍和问题。教学设计，就要针对这些问题引导学生深入解读课文、得出正确认识。

11.4　识字教学、词语教学，能够掌握一定的科学的教学方法，减少机械记忆和错误联想；具有“在语境中理解词语”的意识。

【举例说明】　　　　因形害意，错误联想①

关于“沿”字的教学，老师在课堂上进行了如下联想：有一个人走了很长的路，他口渴了，很想喝水。他就在周围找来找去，找到一口井，他站在井边，往井里一看有水，很高兴，心想：终于有水喝了。同时，还让学生把头脑中的画面描绘出来：“沿”字的“几”是井边上的辘轳，“口”是一口井，“氵”是井里的水。

案例分析：

该案例中，教师自己进行了一次“无厘头”的联想，之后又带领学生进行了同样“无厘头”的联想，并且在教学反思中还认为“通过让学生联想中识字，既有效地认识了生字的形、音、义，又在编故事、编儿歌或描述画面中发展了语言表达能力”。这其中的“有效地认识了生字的形音义”，是一种

---

① 案例来源：由北京教育学院吕俐敏提供。

对汉字极其严重的误解。

字形的识记，是一二年级的教学重点，原因有二：其一，汉字的音形义三个要素当中，形体要素是汉字的物质外壳，汉字之所以能够称为汉字，就在于她的形体要素。其二，学龄前的儿童，口语极其生动活泼，入学之后，一二年级的儿童面临口语向书面语转化的过程，而这个转化过程只有通过学习和识记汉字的形体才能完成。但是在形体教学的同时，不能忘记汉字有三个要素，这三个要素之间相互作用，利于汉字形体的识记。

上述案例中，“沿”是一个形声字，还有两个同声符的形声字“船、铅”，如果按照该教师的联想，为了记住一个字形而破坏了整个汉字的系统性，将不利于“船”和“铅”等后续字的学习。

11.5 阅读教学，能够独立解读课文，准确把握主旨；抓住语言本体；根据不同文体特点，正确提炼阅读教学内容。

【操作要点】

正确提炼教学内容，是学科教学的基本前提，如果一节课的教学内容出了根本差错，它就失去了最起码的立课根基。这一点对语文教学尤其重要！

这条结果指标，指出提炼阅读教学内容时应注意的三个要点，分别针对着目前阅读教学中最容易出现的三个问题。

初任教师对课文的理解往往依赖教参，或者从网络下载现成的教学设计和课件，不知道课文需要自己去品读解析，也不知道如何去解读；教学中盲目拓展或架空分析，脱离了语言本体；不能根据不同文体的特点，把握相应的阅读方式。因此，熟练教师在阅读教学中，应该做到独立解读课文，准确深刻地把握主旨，避免肤浅和错误的解读；抓住语言本体展开教学，避免脱离文本的架空分析和拓展延伸；并根据不同文体的特点，提炼正确的阅读教学内容。

【举例说明】　　　　正确把握文体特征

小学课文《月球上有些什么》，是一篇科学文本(或称说明文)，但不少教师把它混同于文学作品来教，让学生反复朗读、有感情地朗读、想象月球上的美丽景色，却忽略了科学知识信息的删选、加工和质询，用非科学的态度来教科学文本，怎能培养科学精神？初中的大量说明文，如《看云识天气》《大自然的语言》，也存在同类问题。

高中课文《奥斯维辛没有什么新闻》，有的教师不是按照新闻的体式来教，而是当成抒情散文，忽略了本文放在“新闻单元”的特殊的教学价值，这也是文体把握失误带来的教学内容的失当。

11.6　作文教学，能够基于正确的作文观和作文教学观，确定作文教学的内容。能写下水文。

【操作要点】

作文教学，应该从激活学生的生活体验和思想深度入手，从表达与交流的快乐入手，而不是教授僵化的写作程式。新手教师，要格外注意避免教“八股文”，更不能让学生“背范文”以备考场上宿构套作。

(1)作文观的内涵

①什么样的文章是好文章？——提倡真实质朴之文、独立思想之文，大力扭转“文艺腔”“小文人话语”的文风！

②中小学生应该会写什么样的文章？——要重视实用文、议论文。

③了解人的正常写作的心理过程。

(2)作文教学观的内涵

①写作教学的逻辑起点和合理序列是什么？——第一，逻辑起点：思维训练、素材积累(生活感受素材、社会问题素材、文化和知识素材)，“阅读决定写作”；第二，训练序列：条条大路通罗马，但都得是条“通畅”的路、“合理”的路。

②写作教学要突破的重点是什么？——第一，文字表达基本功；第二，言之有物(真实的感受、独立的思想)、务去陈言。作文内容的充实先于形式训练。

(3)写下水文

语文教师要指导学生写作，必须有勇气写下水文——与学生进行同题作文。教师的作文水平不一定很高，重要的是亲身体验写作的过程，如此才能避免作为门外汉错误地指手画脚。

11.7　通读本学段语文教材，整体把握教材内容。依托教材的单元编排，进行单元教学设计。

【操作要点】

新手教师走向熟练，要对本学段的整套教材进行通读和整体关照；能够依托教材单元的构架进行单元教学设计，努力教出整体感，避免单篇教学的零打碎敲、无序重复，避免教学内容的一盘散沙。

标 准	结果指标
12. 实施有效的教学活动	12.1 保持积极的心理状态，精神饱满进入课堂、满腔热情面对学生。 12.2 教学语言简洁清晰。具有较好的朗读水平，能够为学生范读课文。 12.3 板书、多媒体运用恰当。 12.4 具有基本的课堂调控能力，保证主要时间用于教学重点环节，完成预定的教学任务，并处理好预设与生成的关系。 12.5 课堂提问精当有序，追问灵活有效。 12.6 注意观察学生的学习状态、倾听学生的发言。给学生表达困惑和想法的机会，对学生的表现及时进行反馈评价。 12.7 组织游戏竞赛、小组讨论等学生活动，具有协调能力。 12.8 指导学生独立阅读、练习和实践，避免满堂灌，落实语文教学的实践性原则。

12.1 保持积极的心理状态，精神饱满进入课堂、满腔热情面对学生。

【操作要点】

有效的课堂教学，首先要让学生在心理上感到舒适、愉快、振奋。这种情绪直接来自教师的影响。因此，教师上课时，要调控好自己的身心状态，克服倦怠感等消极情绪，精神饱满进入课堂、满腔热情面对学生。上课时，要常带微笑，保持亲切、宽容、温和或热情的教学形象，以民主、和谐的方式处理各种课堂事件，避免师生冲突。

教师上课的热情，一是来自对所教内容的兴趣和热爱；二是教学的自我效能感(相信自己的教学对学生一定有益)；三是对学生的尊重、关心、爱护和成就期待。因此，新手教师可以从以上三个方面着手，激励自己的教学热情，也通过适当的表达让学生从以上三个方面感受到教师的热情。

语文是感性很强的学科，对培养学生的感性力量具有不可替代的作用，一个冷漠、刻板和过于严肃的人，当不好语文教师。语文教师除了要具备各科教师一样的积极的情绪状态，还要对语言文字作品、对言语活动本身，充满由衷的热情。

12.2　教学语言简洁清晰。具有较好的朗读水平，能够为学生范读课文。

【操作要点】

语言，是教师进行课堂教学最重要的手段，包括讲解相关知识的语言，向学生提问或发出指令的语言，与学生沟通对话的交际语言。教师在课堂上使用的语言，除了备课时预设好的内容，主要是有声语言和即兴语言。有声语言有语音特质的要求，即兴语言则需要快速组织语言的技能。

语文学科对语文教师的语言表达能力有特殊要求，因为语文教师的语言水平对学生的语言表达能力有着重要而直接的影响。

熟练教师，首先要克服一些常见的不良的语言习惯，比如口头禅、语词句式的单调、话语啰唆等，做到简洁、清晰。

语文教师，特别是小学语文教师，要经常为学生范读课文，因此，必须具有较好的朗读水平，不断锤炼和丰富自己的朗读技巧，克服"朗诵腔"等不良习惯，为学生做到真正优秀的示范。

12.3　板书、多媒体运用恰当。

【操作要点】

板书，是教学的基本手段，是教师基本功的主要方面。语文教师、特别是小学语文教师的板书，对识字写字教学有直接影响。板书的基本要求是：

(1)字体端正，大小合宜，有一定书写速度。小学语文教师在板书时，要一笔一画地楷书，特别注意间架结构的美观、笔顺的正确。中学语文教师的板书，应提高书写速度，适当运用行书，以流畅潇洒的行书唤起学生的汉字美感。

(2)板书设计巧妙，突出重难点和知识间的联系，有一定结构性。

(3)板书的呈现随着课堂进程有生成性。随机运用副板书。

多媒体课件，也是教学的常用手段，具体要求是：

(1)课件的制作及演示符合语文学科的特点，不能让图片音像对语言文字喧宾夺主；也不能把课文中的段落词句，过多地搬到课件投影中，以屏幕阅读代替文本阅读，妨碍学生直面书本、在完整语境中理解语言。

(2)演播式课件的文字大小、色彩搭配、动画设计等，符合学生的认知规律，有利于学生学习。

(3)必要时会使用交互式课件。

【举例说明】 是生动概括，还是思维误导?

——《落花生》一课的板书设计

上课过程中，随着学生的发言讨论，教师先后在课题“落花生”周围写了三个词语(有用、默默、好处多)。快下课时，教师说：“我也想跟同学们交流一下我的阅读感受”，遂把三个词语用三笔勾勒出一个“人”字，进而问学生：“谁能帮我解释一下?”学生们马上会意，举手发言：“您是说做人要像落花生一样，做一个有用的人、对别人有好处的人、还要做默默无闻的人。”教师评价：“你说得真好！真是说到我心里去了！”

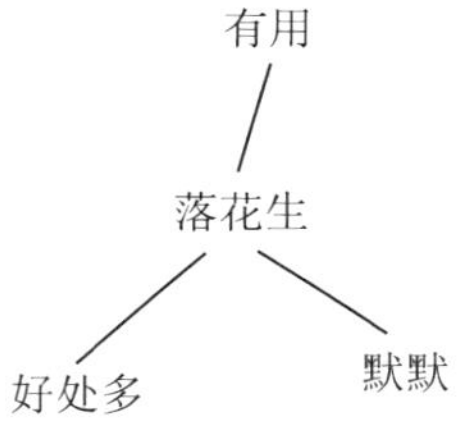

案例分析：

不少评课者对这一设计大加赞赏，认为其既巧妙地总结了中心，又实践了学生自主发现的学习方式。但我们认为，且不论这种“请君入瓮”式的发言是否真正体现了学生的自主学习，也不论对于《落花生》的主旨理解是否一定要强调“默默无闻”，首先，上述“三分法”的概括，在逻辑上就是站不住的：“有用”与“好处多”，其实是一回事，都是指花生的内在价值；“默默”则是指外在形象。对于落花生精神品质的理解，本应采取一分为二的思路：内在价值与外在形象；花生和苹果、石榴、桃子等水果一样，都是有内在价值的；只是它的外表形象朴实无华、不事炫耀，更显其可贵。带领学生研读本文，应在“内在”与“外在”的辩证关系上深入思考；而上面“三分法”的板书，只为设计一个“人”字寓意，看似巧妙，实则混乱了学生的思维。

12.4 具有基本的课堂调控能力，保证主要时间用于教学重点环节，完成预定的教学任务，并处理好预设与生成的关系。

【操作要点】

“课堂调控”，有两层意思。

第一，教师应控制课堂上教学内容的基本走向，保证教学沿着正确的轨道行进，不被冗杂信息和意外事件扰乱阵脚，把课上"飞"；能够控制各环节教学时间的分配、把握整堂课的教学节奏，避免"前松后紧""拖堂""总是讲不完"的毛病。这就是说，课堂调控的对象主要是"教学内容"与"教学时间"。课堂调控还要特别注意：要保证课堂上留有时间进行复习和总结，最好能让学生谈谈自己本节课的收获与体会。

第二，课堂又是灵动不居的河流，教学实施不是简单地照搬教案，而是要根据课堂上学生的情绪、思维状态和行为表现，对预设的教学方案进行适时地调整与改造。课堂上临时出现的情况，无论来自环境还是来自学生，都属于"意外事件或信息"，这些意外，有的毫无价值，教学不能随便受其干扰；有的则蕴涵价值(比如学生发言中似乎偏离主题，却闪现出智慧火花的内容)，需要教师敏锐地抓住，使之成为课堂教学的生成性内容。更优秀的教师，甚至能够把似乎毫无价值的信息和事件，化腐朽为神奇、变不利为有利、变危机为契机。

【举例说明】 在教学设计与实施实录的对比中反思课堂调控技能

——初二课文《春酒》教学案例

一位教师的教学设计与实施情况对比如下：

主要教学环节	教学设计中的时间分配	实际课堂上的时间分配
(一)初读课文，了解课文大概内容，初步把握作者的思想感情。	5分钟	15分钟(为什么延时了?)
(二)再读课文，品读文中富于表现力的文字，是如何表达作者浓浓的思乡感情的?(教学重点)	30分钟	15分钟(能够落实教学重点吗?)
(三)深读课文，思考：作者怀念的仅仅是家乡的甘醇的春酒吗?	5分钟	5分钟

案例分析：

我们这样对照教案，细抠课堂教学实施，有的老师可能觉得多余，认为教案束缚了教师的发挥，因此在课前拒绝提供教案、排斥对照教案的评议。但我们正是要通过这种对比，来研究教师的课堂调控技能。

环节(一)，主要训练学生感知全文内容，并归纳为几件事情的概括能力。计划用 5 分钟，为什么实际用了 15 分钟？因为学生对课文不够熟悉？因为学生概括能力较差？所以必须多花时间？——这时，我们可以反思教师备课时，对学情的把握有失准确。或者，学生的发言中出现了预料之外而富有价值的生成性内容，值得教师抓住契机、引申开来？——若是这样，那么延长时间就是正确的随机调整。但是，假如情况并非如此，而是被课堂上的冗杂信息干扰，对众多学生雷同的发言未能控制，那么这 15 分钟就不应该多加耽搁。这就是教师的课堂掌控技能出了问题。

环节（二），本是这节课的学习重点，计划用 30 分钟，本可以有效地突出重点，实现教学设计的意图。但因为环节（一）占据了过多时间，留给“品味语言”环节的时间就不够了。

由此看来，教师如果不能对课堂的时间、节奏、进程进行良好地调控，即使教学设计合理，实际课堂上也难以落实。

12.5 课堂提问精当有序，追问灵活有效。

【操作要点】

提问与追问，是课堂教学中促进学生主动学习的最基本的手段，教师要善于利用提问和追问，保持学生的注意力，促进学生的积极思考和语言表达。在提问追问活动中训练学生的倾听与表达能力，对语文教学更是具有本体性而不仅是手段性的意义。

恰当提问的操作要点是：

（1）根据教学设计时构想的主问题，选择恰当的时机和对象、以恰当的方式提问。必要时对主问题进行变通处理。

（2）根据课堂上变化的学情，临时提出一些散问题，或引起学生注意，或促进知识掌握，或启发思考。

（3）提问精当并有一定顺序，避免肤浅、杂乱的碎问。

（4）问题本身及其表述能让学生理解。

（5）减少自问自答、集体回答、是非问答等情况。

（6）掌握重复问题、重新表述问题、调焦（宽问题变窄问题）、停顿、搁置、分配等提问技术。

有效追问的操作要点是：

（1）根据学生回答问题的情况，进行灵活有效的追问，对困难者起支架作用，对优秀者起深化和拓展作用。

(2)掌握转引、提示、深化、转问、反问、回问等高级提问技术。

(3)鼓励学生提出问题，重视培养学生的问题意识。

教师从新手走向熟练、从成熟走向卓越，需要在提问追问技能方面不断发展，从最基本的“避免碎问”等消极的要求，到掌握各种高级的提问追问技巧。

12.6 注意观察学生的学习状态、倾听学生的发言。给学生表达困惑和想法的机会，对学生的表现及时进行反馈评价。

【操作要点】

课堂教学，需要教师具有“洞察与反应”技能：认真倾听学生的发言，敏锐观察学生的课堂活动，根据捕捉到的反馈信息及时做出反应，以此实现真正的师生互动。具体的操作要点是：

(1)鼓励学生大胆发言，耐心等待学生的表述，避免垄断话语权、抑制学生连贯表述的弊端。

(2)引导学生养成发言面向全班同学、向听众负责的习惯，认真倾听同学发言并做出善意反应的习惯，以此实现真实有效的生生互动。

对学生的表现进行反馈评价时，要注意：

(1)把课堂表现的评价权交给全班学生，避免教师独裁。

(2)教师的评价手段要多样化，除了口头语言的评价，其他各种“副语言”，如微笑、眼神、手势、鼓掌，都是评价的手段，而且往往更为有效。正面评价为主，但也不能滥用表扬，也要有适当的批评、指正。一味地赞扬、廉价的鼓掌，只会使评价贬值。

(3)注意评价的目标导向作用，切忌泛泛而论。对于学生发言或书面文字的评价，要突出其中的亮点，如阅读教学中，学生调动了生活经验来理解课文、运用了课外知识与背景材料、表现出好的阅读习惯和思维方法，这些亮点应该得到特别的赞扬和鼓励；也要弥补不足，进行必要的点拨、引申，使全班学生的思维得以深化。

12.7 组织游戏竞赛、小组讨论等学生活动，具有协调能力。

【操作要点】

课堂是一个群体活动、多方互动的场所，组织群体互动是教师必备的基本教学技能。教师要综合考虑各种因素，妥善安排学生活动的分组分工，协调临时出现的问题和矛盾，调控活动的时间和空间，建立良好的教学氛围与学习秩序。教师要利用各种互动形式及其组织策略，关注有效互动的范围大小，确保全体学生理解活动任务并积极参与到活动中；关注思维层面的深层互动，而非表面热闹缺乏理性思维的乱动。

12.8　指导学生独立阅读、练习和实践，避免满堂灌，落实语文教学的实践性原则。

【操作要点】

从新手到熟练期的语文教师，具有引导学生积极主动学习的意识，能够充分认识语文教学的实践性：语文能力要靠学生自己实践和锻炼，语文素养也要靠学生自己积累和感悟，而不是单靠老师讲。具有这种观念的教师，就不会在课堂上冗杂讲解、独霸课堂，而是给学生充分的阅读、表达、思考、练习的机会。操作要点是：

首先，要留给学生足够的时间进行独立阅读、深入思考和充分练习；其次，在学生自主学习时，随时监控学生的表现；最后，在学生遇到问题和障碍时，及时提供心理的、技术的支持。

标　准	结果指标
13. 培养良好的学习习惯与指导学生学会学习	13.1　认识到一般学习习惯与语文习惯的重要性，在课堂教学与课外指导中，注意培养学生的习惯。 13.2　掌握一定的学习策略，注意教给学生学习方法。

13.1　认识到一般学习习惯与语文习惯的重要性，在课堂教学与课外指导中，注意培养学生的习惯。

【操作要点】

熟练期教师能够充分认识到，良好的学习习惯，是优质高效学习的重要保证。一般的学习习惯主要有：

整齐归置书本资料和学习用具；拟订学习计划、监控自己的学习过程；主动阅读学习材料并查阅相关资料、做笔记；专心听课、预习、归纳复习；积累记忆方法，注意观察，独立思考和作业，喜欢质疑问难，喜欢动手试验，有意识地发现问题、尝试主动解决问题等。

习惯，对于语文学习格外重要。良好的语文学习习惯，不仅有助于学生语文学业的发展，而且其本身，就是语文素养的显著表现。在此意义上，语文学习习惯，也就是语文习惯。即一个人在使用语言文字时表现出的固定化行为。它主要包括：

写字的习惯：坐姿端正、执笔规范，书本整洁；写字尽量工整美观，注意行款间距的布局。

识字的习惯：遇到不认识的字、不理解的词，马上查字典。

口语交际的习惯：认真倾听别人的发言，听话说话时尊重别人；敢于当众发言，声音洪亮、口齿清晰，为自己的话语负责。

阅读的习惯：积极主动地阅读，有意识调动自己的生活经验、背景知识和情感体验，与文本对话；勤动笔墨，圈点批注；喜欢广泛涉猎，扩大阅读空间；根据不同的阅读目的和阅读材料的不同性质，选择朗读、默读、跳读、浏览等不同方式；注意积累语料、事实、观点、方法等。

写作的习惯：留心观察生活，勤于动笔，但有见闻和感想就想写下来，有写日记、书信和随笔的习惯等。

从以上列举可以看出，习惯与兴趣、态度、方法、能力，有时密不可分。语文教学的核心目标，其实就是让学生养成终身受用的良好的语文习惯。

13.2 掌握一定的学习策略，注意教给学生学习方法。

【操作要点】

语文学习的方法不胜枚举，限于篇幅，这里仅举几例：

识字的方法：拆分字形法；利用象形、指事、会意、形声等不同的构字法，来辨识字的音形义。

理解词语和句子含义的方法：放在上下文语境中理解；联系个人生活经验理解。懂得文学作品的词句含义，有字面义与内隐义。

理解语段和语篇的方法：文本细读、矛盾分析、抓关键词、情景再现、知人论世、社会学解读与心理学解读等。

【举例说明】 教给学生观察的方法

1. 运用多种感官感知事物

不仅用眼睛看，用耳听声响，用鼻子闻气味，用手摸质地，用嘴尝味道，同时还要用心想。对不懂或不够了解的内容，要向别人请教，或查字典及有关书刊资料，以使所观察的事物，在头脑中留下全面、具体的立体印象。

2. 掌握不同的观察顺序

观察静物。采用从整体到局部，或从上到下，或从主到次的方法(逆向观察亦可)。

观察景物。采用“次序法”，即从上到下，或由远及近，或从主到次，或从大到小(逆向观察均可)，或采用方位顺序等。

观察自然现象。采用“前后顺序法”，即发生前、发生时、发生后，着重弄清它们之间的因果联系。

观察运动事物。既按记叙要素观察，也采用“移步换形法”，即不但看事物之间的联系，更主要的是看事物的发展变化。

观察人物、动物。采用从头到脚，或由点到面，或由表及里的方法，抓住人物的外貌、语言、神态、动作及其心理活动；抓住动物的形体、皮毛、颜色、鸣叫、觅食、栖息、与人类的关系等特点。

标　准	结果指标
14. 开展多元的学习评价	14.1　理解学业评价标准(课程标准、考试大纲等)对学生语文学业水平的具体规定，理解各目标动词的含义。 14.2　能够从基础知识、语料积累、语文能力、思维发展、情感态度等各个方面系统评价学生的语文学习状况。 14.3　能够对练习册中的题目进行取舍选择。 14.4　能够指导学生进行自评。

14.1　把握学业评价标准(课程标准、考试大纲等)对学生语文学业水平的具体规定，理解各目标动词的含义。

【操作要点】

教育活动中的“评价”是一个内涵丰富的概念。根据评价的内容和对象，可分为：课程评价、教材评价、教学评价、学生学业评价、学校管理评价等。本条标准所说的评价，是指对学生的学业评价。对学生的学业评价也有多种形式，比如地区或全国统一考试，评价主体是统一命题者和阅卷者；

高一级学校单独招生，评价主体是招生单位。我们这里所说的评价，是教师在日常教学活动中对学生学业的评价，其中又分两种情况，一是课堂教学与课外指导过程中，针对学生的即时表现，随机进行的评价，以口头语言为主；二是教师精心设计了评价方案，在课内外予以实施。这两种情况中，评价主体都可以是多元的，包括教师、学生，乃至家长、校方、社会的参与。第一种情况的评价，可归入标准12中教师的教学实施技能，即“洞察与反应”技能，教师敏锐观察学情、倾听学生发言，并及时做出反馈，就是在做即时评价；标准13，着重阐释第二种情况的评价。

要开展有效的学习评价，首先要把握学科的学业评价标准(课程标准、考试大纲等)，了解国家或地区对学生语文学业水平的具体规定，尤其是不同学段的评价标准的差异，避免超越学生发展阶段的拔高要求。各条标准中都会出现一些目标动词，如“了解”“理解”“解释”“分析”“感知”“感受”“感悟”等，老师们在运用评价标准时，要准确理解各目标动词的含义。

【举例说明】

《义务教育语文课程标准(2011年版)》对“精读”能力的评价标准①

精读的评价，重点评价学生对阅读材料的综合理解能力，要重视评价学生的情感体验和创造性的理解。第一学段可侧重考察对文章内容的初步感知和文中重要词句的理解、积累；第二学段侧重考察通过重要词句帮助理解文章，体会其表情达意的作用，以及对文章大意的把握；第三学段侧重考察对文章表达顺序和基本表达方法的了解领悟；第四学段侧重考察厘清思路、概括要点、探究内容等方面的情况，以及读懂不同文体文章的能力。

14.2 能够从基础知识、语料积累、语文能力、思维发展、情感态度等各个方面系统评价学生的语文学习状况。

【操作要点】

学习评价的多元性，首先体现在评价内容的多元化。语文学习的评价内容，不能局限在认知领域，还要包括情感态度领域；认知领域也不应局

① 中华人民共和国教育部：《义务教育语文课程标准(2011年版)》，第29页，北京，北京师范大学出版社，2012。

限于记忆性知识和应试答题技能，更要重视语言实际运用能力。教师应该从基础知识、语料积累、语文能力、思维发展、情感态度等各个方面系统评价学生的语文学习状况。

14.3 能够对练习册中的题目进行取舍选择。

【操作要点】

学业评价的方式和手段是多样化的，如形成性评价与终结性评价，定量评价与定性评价等。课后的思考题、练习题、测试题，是最直接、最常用的评价工具，新手教师要先学会对教材及各种练习册中的题目进行甄别判断，避免陷入题海战术。

14.4 能够指导学生进行自评。

【操作要点】

多元的学习评价，特别强调评价主体的多元化：对学生学业的阶段性或终结性评价，评价主体不应只是教育主管部门，而是应该有家长、社会等各方面的参与；日常教学中对学生的评价，评价主体不只是教师，还应该有学生的参与，特别是自我评价。教学过程应该是"以学生为中心的学习过程"，其中，学生自我评价的能力，本身就是学习的目标之一。这就是本条指标"能够指导学生进行自评"的意义。

标 准	结 果 指 标
15. 促进有效的课堂管理	15.1 能够建立教学常规，维持课堂纪律和正常的教学秩序。

15.1 能够建立教学常规，维持课堂纪律和正常的教学秩序。

【操作要点】

维持课堂纪律和正常的教学秩序，保证每个学生都能专心投入学习活动，不开小差也不干扰别人，是课堂管理的基本要求，也是新手教师经常要面临的挑战。

要做到这一点，不能依靠简单的禁令和批评，而是要掌握一点课堂管理技巧。比如，重视教学常规的确立，接班之初，与学生民主商议、达成共识；一旦建立了课堂纪律与学习要求的规则，就要严格贯彻、时时总结，不能虎头蛇尾、不了了之。学生有违规违纪行为时，要采取灵活有效的方式予以应对：对于某些行为、某些学生，可以当众警告、按规则处罚；对于另一些行为、另一些学生，则需要迂回处理，比如，通过表扬其周围学生的遵守纪律、认真学习，间接地警示。处理违纪学生时，要注意避免方式简单粗暴，激起学生逆反心理，激化师生矛盾，带来课堂冲突。

标　准	结果指标
16. 渗透思想品德教育与生活技能教育	16.1　学习、掌握生活技能教育的知识和方法，具有培养学生生活技能的意识。

16.1　学习、掌握生活技能教育的知识和方法，具有培养学生生活技能的意识。

【操作要点】

生活技能教育兴起于20世纪80年代初期的美国。美国学者伯温特(Gilbert J. Botvin)提出用“生活技能训练”的方法预防青少年吸烟问题，取得很好的效果。于是，生活技能教育在英国、加拿大、澳大利亚等国迅速发展。目前，生活技能教育的理念和方法已被许多国家接受，逐步系统化和规范化。

生活技能教育是在考虑文化和发展的前提下，以技能教育为基础，恰当地锻炼强化青少年的心理社会能力，促进发展，保护人权，预防健康和社会问题。属于健康教育的范畴，是素质教育的一部分，目的是预防青少年的问题行为。

生活技能教育的目的是使青少年掌握技能，正确认识自己、他人和环境，调整自身行为，发挥个人潜能，建立健康的生活方式，较好地适应社会，健康成长。教育内容主要包括：改进生活技能与健康、了解自己、培养责任感、情绪调节、沟通与交流、理解他人、解决问题、缓解紧张和压力、发挥创造力、选择与决定、行为上异常(吸烟、饮酒)的危害、远离毒品、保护自己、走向健康。通过上述内容的教育，培养青少年的10种能力，即自我认识能力、同理能力、有效的交流能力、人际关系能力、调节情绪能力、缓解压力能力、决策能力、解决问题能力、创造性思维能力、批判性思维能力，促进青少年将其知识和态度或价值转化为行动。

标 准	结果指标
17. 实施积极的安全教育与健康教育	17.1 关心学生的身体健康，鼓励学生积极锻炼身体。 17.2 具有关注学生心理健康的意识。 17.3 主动地维护学生的人身安全，引导学生树立自我保护的意识，提升自我保护的能力。

17.1 关心学生的身体健康，鼓励学生积极锻炼身体。

【操作要点】

(1)深刻理解身体健康对于学生成长的意义。

(2)真正关心学生的身体健康。

(3)采取有效措施鼓励学生积极锻炼身体。

(4)能够与学生一起参加体育活动、相互交流。

17.2 具有关注学生心理健康的意识。

【操作要点】

(1)深刻理解心理健康对于学生成长的意义。

(2)真正关心学生的心理健康。

(3)采取有效措施鼓励学生关注和改进自身心理健康状况。

(4)能够经常与学生谈心、交流，促进学生心理健康。

17.3 主动地维护学生的人身安全，引导学生树立自我保护的意识，提升自我保护的能力。

【操作要点】

要确保学生的人身安全，根本在于提高学生的安全意识、自我防范和自护自救能力。教师要通过各种渠道抓好安全工作，经常性地对学生开展安全教育。具体要点有：

(1)通过课堂教学，结合任教学科知识对学生进行安全教育，引导学生利用科学知识自护自救。

(2)通过班会，组织学生开展以安全教育为主题的演讲或者研讨，提高学生的安全意识。

(3)观看安全教育影片，学习基本的自救技能，学习自我保护方法。

领域四　教育教学研究与专业发展

标　准	结果指标
18. 教育教学反思与行动研究	18.1 经常有意识地反思自己的教学，形成教学反思习惯。 18.2 具有问题意识，能够把工作中遇到的问题进行梳理或转化为研究专题。 18.3 初步了解确定研究课题与教育研究的基本方法。

18.1　经常有意识地反思自己的教学，形成教学反思习惯。

【操作要点】

(1)经常有意识地对自己的课堂教学实践进行回顾、审视和反思，总结经验与教训，汲取他人的教学经验，不断改进自己的教学，逐步形成教学反思的习惯。

(2)练习撰写教学日记、教学叙事和教学案例分析，做好说课评课，提高自己教学反思的质量。

(3)在教学反思中，注意把自己“学会教学”的过程与教学生“学会学习”的过程统一起来，努力提升自己教学实践的合理性，为实现新手到熟练的过渡打下基础。

【举例说明】　　　　于漪老师的教学反思①

教师的工作是非常艰辛的，教过不等于教会。教会几个或十几个学生是不难的，但要教会所有的学生是不容易的。我曾教过这样一个学生，这个学生的作文中一个标点符号都不用。我单独给他补课，给他讲了一节课的标点符号。我以为他懂了，其实不然，下次作文交上来，他依然不用标点符号。我第二次请他到我办公室来，问他：“我讲了这么多的标点符号，你懂不懂?”结果，他不客气地反问我：“我怎么会懂，你讲了那么多。”我想是对的，我一下子讲太多，没顾及他是否懂了。我马上检讨：“我不对。这一次，我只讲两种，只讲句号和逗号。以后，你的作文中只要把这两种符号用对了，就算对了。”于是，我又讲了一遍，我以为他这次真懂了。结果，他的作文交上来，我一看，很有趣，作文中的标点符号，有时全对，有时

① 王云峰、马长燕：《语文教学基础》，第310～312页，北京，教育科学出版社，2007。

又全错。而且符号都点在格子外边。我第三次找他，将杂志上的文章给他看，告诉他："符号点在格子里，眉目就清楚了。"他听了笑笑，态度很好，可事后还是不改。交上来的作文在全文结尾处用了一个逗号。一次课上，我读了他的作文，一口气读下去，读得上气不接下气。学生们让我停一停，我说："不能停，我得符合作者的原意。"同学们哈哈大笑，他也笑了。然后，我说："平时，我们讲话都有标点符号的，我讲课的时候，你们懂了吗'？'，这是问号；同学回答得真好啊'！'，这是叹号；同学们注意到了'：'，这是冒号。"这一下他懂了。下课我没再找他，他来找我了。"老师，我告诉你吧，我以为标点符号不代表水平，文章好不好，主要看内容，文章写好后我再点，我爱怎么点就怎么点。"一个标点符号可以说明，教过不等于教会，教会确实很难。我教了这么多学生，有时为了考虑怎么样一个问题才能使学生开窍，晚上真的睡不着啊！有的孩子讲一遍就会了，有的孩子讲七八遍都不会。如果我们教师不精细，大而化之，就不可能教会每一个学生。

案例分析：

"教过不等于教会"，简简单单的一句话中包含着教师怎样一种思想啊！一个小小的标点符号，讲过了，不会；补课了，还不会；精讲了，仍然不会。谁之过？"我不对"，"老师教学生，应该有非常精细的目光，发现孩子的学习规律"，教师一次次将反思指向了自己，先后调整了四次做法，对学生却没有半句责备。做过教师的都知道，做到这样，很难！我们和优秀教师之间的差距可能正是由此拉开的。所以，该找到这种行为背后的原因，找到了，或许我们也可以做到。

从于漪老师的叙述中，可以看到，她的反思是从教学中遇到的问题入手的，对问题初步分析后便采取措施试图解决，当措施无效时，她从自身寻求原因，然后改变做法再次尝试……就这样，一次次地反思、试验，反思、试验……最终解决问题，并从整个过程中总结经验教训。这便是积累了教师的实践性知识。这很类似杜威提出的思维五步法，其目的最终是指向问题的解决。

目前很多教师要么忘了反思目的，总在如何写出像样的教学反思上打转，潜意识中觉得教学反思就是写给别人看的；要么没抓住反思的本质，忽略反思的"反身性"，使反思流于形式；再者就是将反思视为一种外在于自身的负担，没有将反思作为一种自觉的思维方式。

其实，反思是自己的事，也是针对自己的。不在于写了多少字，而在于想了多少事。一字不写，不等于没有反思；挥洒万言，也不见得就是反思。只要通过这种思维习惯能帮助我们解决教学中一个又一个的问题，能不断提高自身的教育教学水平，能够实现内在的一种成长，无论以什么形式进行反思，都是可以的。形式不是关键，关键要清楚做事情的目的。

18.2　具有问题意识，能够把工作中遇到的问题进行梳理或转化为研究专题。

【操作要点】

(1)通过课堂观察、课下与学生交流、家长反映和学习效果检测等渠道，了解自己工作中存在的问题。

(2)不放过任何问题，与同事或有经验的教师讨论，分析问题，逐步形成行动研究专题。

(3)从“问题意识”入手，把“问题意识”适时地转化为“课题意识”，通过“计划—行动—观察—反思”循环过程，把解决问题的过程变成教学行动研究过程，促进自己的专业化发展。

18.3　初步了解确定研究课题与教育研究的基本方法。

【操作要点】

(1)确立研究课题，即确立在教育教学活动中要认识和解决的问题。确立的课题不仅要有明确的名称，还应包括研究对象、研究范围、研究内容和方法、研究的目的和意义等内容。

(2)教育科学研究的基本方法，包括历史研究方法、比较研究方法(同类、异类比较，纵向、横向比较)、调查研究方法(具体包括观察、问卷、访谈、测量等)、实验研究方法(真实验、准实验等)；又可以分为定量研究和定性研究两种基本范式。

【举例说明】

访谈法

访谈法是一线教师开展研究常用的方法之一。“访谈”就是研究者“寻访”“访问”被研究者并且与其进行“交谈”和“询问”的一种活动。“访谈”是一种研究性交谈，是研究者通过口头谈话的方式从被研究者那里收集(或者说

“建构”)第一手资料的一种研究方法①。在具体的教育教学情境中，访谈就是教师与学生之间、教师与教师之间通过口头交谈的方式获取研究资料的方法。

1. 访谈的分类

根据教师对谈话的控制程度，访谈分为：封闭型访谈，一般采用问卷的方式，这种访谈多在质的研究中使用。开放型访谈，没有固定的访谈问题，主要是教师鼓励受访者用自己的语言发表自己的看法。半开放型访谈，主要指教师对访谈具有一定的控制作用，但同时也允许受访者积极参与。这类访谈中，教师通常都会事先准备一个粗线条的访谈提纲，以便对受访者提出问题，这是教师开展访谈常用的一种形式。

根据正式程度，访谈可以分为正式的访谈和非正式的访谈。正式访谈一般指有准备、有组织的访谈。非正式访谈是一种很随机的访谈，指教师在与被访者一起参加活动的时候，与对方进行交谈。其主要目的是双方建立起互相信任的关系，以便促使访谈的深入进行。非正式访谈一般用在访谈的初期。

根据受访者的人数，访谈可分为个别访谈和集体访谈。个别访谈，通常只有一名访谈者和一名受访者，两个人就研究的问题进行交谈。集体访谈即由两人以上的参与者组成，受访者相互之间就相关的问题进行交谈和讨论。

在实际的教学研究中，教师可以根据需要，选择不同的访谈类型，或综合运用多种访谈类型。

2. 访谈的抽样方式

访谈的抽样方式多种多样，主要有：方便型抽样、滚雪球式抽样和目的型抽样等。方便型抽样是比较随意地选择被访者，因而访谈结果的代表性比较差。滚雪球式抽样是通过最初的被访谈者的引见逐渐扩大样本的数量，这种方式的抽样往往会影响研究观点的代表性。目的型抽样是有目的地选择被访谈者，这是教师们经常使用的一种抽样方式。

3. 访谈提纲的设计

对于运用访谈法的教师而言，列访谈提纲是必不可少的一个环节。

---

① 陈向明：《质的研究方法与社会科学研究》，第 165 页，北京，教育科学出版社，2000。

教师可以根据访谈类型、访谈目的、访谈内容的不同，设计不同的访谈提纲。但总体来说访谈的问题要明白易懂、简单具体、具有可操作性。

标　准	结果指标
19. 团结协作与经验分享	19.1　具有团队合作意识。 19.2　积极参加研修活动，虚心求教。

19.1　具有团队合作意识。

【操作要点】

(1)在参加学校的各种活动中，体验本校特色与学校文化，了解团队行为准则。

(2)认同团队行为准则或委婉地提出建设性意见。

(3)在团队活动中扮演一定的角色，贡献自己的智慧和精力。

19.2　积极参加研修活动，虚心求教。

【操作要点】

(1)培养自己对研修活动的兴趣，每周提前安排好工作计划，在计划中包括研修学习的时间。

(2)每次研修活动后，及时思考自己得到的启发，不间断地积累学习收获，能够虚心向同事求教。

标　准	结果指标
20. 终身学习与持续发展	20.1　养成读书和独立思考的习惯。 20.2　具有探索和研究的意识，积极吸收新理念、新方法。

20.1　养成读书和独立思考的习惯。

【操作要点】

(1)认同阅读是在职教师学习的主要方式，在工作计划中列入阅读时间。

(2)针对自己在工作中发现的问题，比较系统地读书，特别是养成读文学作品、专业期刊和论著的习惯。注意资料的收集整理，写读书笔记。

(3)把读到、听到的观点与教学实际进行对照，判断某种观点是否符合实际、是否符合逻辑，形成自己的见解。

【举例说明】 做一名学习型的教师

勤读多思，才能明睿通达。教师聪明，学生的学习才能愉快；学生良好的思维习惯，来自教师教学的过程。有智慧的教师不会把教学当成苦事，他们对教学有一种既热切又理智的期待。课堂永远是智慧者的天堂，优秀的教师在课堂教学中常常会有许多一般教师意想不到的发现，那些聪明的办法能像点亮一盏灯似的启人神思，让学生豁然开朗并举一反三。考察这些教师的经历和习惯，我们几乎无一例外地发现，他们对外部事物始终能保持浓厚的兴趣，他们关注社会历史，关注政治进步，关注民生，关注科学发现……他们重视阅读并善于思考问题，有比较开阔的文化视野。就教学过程而言，教学中有价值的发现几乎都与预设无关，发现本身在于偶然。然而如果缺乏积累，也就不具备抓住机遇的能力，就会与种种有价值的机会擦肩而过。这个道理不难明白：同样的教材，同样的教学经历，有些教师十几年、几十年都没能教出那几百字背后的深层意蕴；而积累多的教师，也许初次接触就能有所感悟。近年国内涌现的一批优秀青年教师，大多得益于好读书并富有探究意识。

教师的专业发展主要应靠自己奋斗，教师要把专业发展作为个人的人生追求。同时也必须注意到群体学习发展的优势。在一所学校里，教师应当是一个“读书集团”，从提高教学修养这个普遍意义上认识，在这个群体中学习获得的进步，往往比个人苦心孤诣取得的成就要高。我们注意到，随着近年来网络的发展，教师中形成了一些自觉学习的群体，在这里，一批中青年教师几乎把全部业余时间用在教学理论的探讨上，无论是研究问题的深度，还是阅读的广度，都远远超过了教育科研部门的要求，其效果比送入高校进修或是学位教育更为显著。其取得成功的关键在于：一，没有功利意识；二，志同道合。这种自觉学习的形式很值得教师同行们重视。

如何排除诱惑和干扰，读一些自己想读也该读的书，做一些自己该做而一直没能做好的事，这个问题很现实地摆在我们面前。课改是机会，是动力，也是压力。制订一个具体可行的明确的学习计划，做一名学习型的教师，也许是摆在我们面前最迫切的任务。①

20.2 具有探索和研究的意识，积极吸收新理念、新方法。

【操作要点】

(1)关注学科教学与教育领域的热点问题，保持对新事物的兴趣，形成对学科教学发展具有敏感性的优秀素养。

(2)及时了解同行们提出的新观点，经过独立思考与判断，去粗取精、去伪存真，由表及里，由此及彼，吸收与借鉴。

① 王栋生：《做一名学习型的教师——谈课改背景下教师的专业发展》，载《基础教育课程》，2007(2)。

二、从熟练到成熟

维度一 专业基础

领域一 健全人格与职业道德

标准	结果指标
1. 爱岗敬业，履职尽责	1.1 热爱教育事业。 1.2 自觉遵守教育法律法规。 1.3 认真履行教师职责。 1.4 具有责任感。

1.1 热爱教育事业。

【内容要点】

热爱从事教育事业体现在两个方面：一是对生命的大爱，不是站在具体某一个孩子的角度上表达喜爱，而是一种伦理的情怀；二是在职业中不断获得价值感和成就感，将职业升华成事业。

1.2 自觉遵守教育法律法规。

【内容要点】

(1)这一阶段的语文教师要严格贯彻教育方针政策和遵守教育法律法规(具体法规参见“从新手到熟练”阶段的表述)。

(2)能够将法律法规从外在的规范和强制性要求逐渐内化为自己行为的价值和准则，从他律开始转向自律。

1.3 认真履行教师职责。

【内容要点】

这个发展阶段的教师不仅要明确教师的职责，更重要的是要认真履行教师的职责。在不断提高业务能力的同时，不断提高自身的修养，以“学高为师，身正为范”严格要求自己，树立教书育人、为人师表的良好形象，真正履行好教师这个崇高而又神圣职业的职责。

1.4　具有责任感。

【内容要点】

强烈的责任感来自于对教育事业的感悟和对学生成长的期待。这个发展阶段的教师经过一段时间的教学实践，应该形成了对于教师责任的一种内驱力系统，使得教师的责任感和使命感不断增强。

标　准	结果指标
2. 关爱学生，教书育人	2.1　热爱学生。 2.2　平等公正地对待每一位学生，尊重学生人格。 2.3　引导学生树立正确的人生观和价值观。

2.1　热爱学生。

【内容要点】

教师职业道德中的优异表现，不是坐而论道，也非高山仰止，而是切实体现在师生交往的具体活动中，教师的勤恳敬业、乐于奉献，更直接地体现在教师对教育事业的热爱和对学生的挚爱。

(1)教师要学会了解：学生的行为背后，总有他认定的想法，请试着了解他，不要急于批评他。

(2)教师要学会同理：发挥同理心是了解学生的第一步，蹲下身来，站在孩子的立场去看、去想，才能了解孩子眼中的世界。

(3)教师要学会倾听：以耐心的态度，关注的神情，积极倾听，学生才有完整表达的机会，并同时给予温馨的回应。

2.2　平等公正地对待每一位学生，尊重学生人格。

【内容要点】

教师在与学生交往中要做到爱无差别，一视同仁。教师不能以自己的私利和好恶做标准处理师生关系，应当给所有学生提供平等的学习机会。有的教师会有意无意偏爱一些学业成绩好的学生，而相对歧视或忽视一些成绩差的学生。实际上，成绩差的学生更需要教师的关怀和帮助。

教师要做到：

(1)包容学生的差异。

(2)接受学生的失误。

(3)尊重学生的兴趣和选择。

(4)避免对学生负面的评价语言。

2.3 引导学生树立正确的人生观和价值观。

【内容要点】

(1)教师要善于做价值引导者。教师不仅践行教书育人的神圣职责，同时也通过自己高尚的人格境界把乐观、进取、责任、敬业的意识传递给与他接触的每一个学生。通过自己的言行教育影响帮助学生树立正确的人生观和价值观。

(2)教师要在师生交往和教育活动中，引导学生树立正确的人生理想。教师要通过“价值澄清”等有效的教育模式帮助学生确立正确的价值信仰。教师还要结合现实社会生活，通过正反两方面范例的解读，帮助学生区分正确与错误的人生理想。

标　准	结果指标
3. 为人师表，严谨治学	3.1　遵纪守法，作风正派，公正廉洁，以身作则。 3.2　树立优良学风，刻苦钻研业务，不断学习新知识，改进教育教学方法，提高教育教学水平。

3.1 遵纪守法，作风正派，公正廉洁，以身作则。

【内容要点】

这一阶段的语文教师对于法律法规的循守，不再刻意而为，而是能自觉自如地进行自我调控，并在内心深处形成自我约束、自我评估的一系列标准。已形成了个人的道德理想，有了明确的做人原则。

3.2 树立优良学风，刻苦钻研业务，不断学习新知识，改进教育教学方法，提高教育教学水平。

【内容要点】

这一阶段的语文教师对业务的钻研不再出于完成工作任务的需要或被动应对工作中问题的解决，而在于自身发展的需要，对于教育教学工作，不再停留于仅以权威专家的理论为依据，也不再停留于仅按有关要求行事，而力求做得更好。在工作中，一方面注重工作质量的提升和劳动成果品质的保证，积极主动地探寻新路径、新方法，不断主动学习、探索改进工作；另一方面，已具备问题研究与预防意识，能在解决问题中不断反思总结，不断探索。

标　准	结果指标
4. 热爱生活，身心健康	4.1　积极锻炼身体，增进身体健康，合理分配精力，保持充沛的活力。 4.2　积极乐观、善良宽容，具有爱心、同情心和正义感。 4.3　能够正确对待困难和挫折，善于自我调节。 4.4　具有良好的生活情趣，至少具有一种有益身心健康的兴趣爱好。

4.1　积极锻炼身体，增进身体健康，合理分配精力，保持充沛的活力。

【内容要点】

这一阶段的教师多是学校中的教学骨干甚至担任一定的管理职务，工作繁重，心理压力大，并且往往人到中年，家庭责任也重。越是这样，教师越要注意自己的身体健康，学会合理地分配时间，张弛有度，适时进行体育锻炼。

4.2　积极乐观，善良宽容，具有爱心、同情心和正义感。

【内容要点】

这一阶段的教师要能抵住各种诱惑，静下心来踏实做事，保持平和的心态；正确处理与领导、同事和学生之间的关系，坚持自己的原则，追求自己的理想。

4.3　能够正确对待困难和挫折，善于自我调节。

【内容要点】

这一发展阶段的教师经过多年的教学实践和生活磨炼，心理越来越成熟，具有较强的心理承受能力和抗压能力，善于自我调节。遇到困难时，不怨天尤人，能够厘清解决困难的思路，正确选择解决问题的方法；遇到挫折时，不轻言放弃，具有坚定的信心，锲而不舍地实现自己的目标。

4.4　具有良好的生活情趣，至少具有一种有益身心健康的兴趣爱好。

【内容要点】

高雅的生活情趣是健康、向上、文明的情趣。生活情趣不仅可以愉悦心情，催人奋进，而且还可以陶冶情操，提升生活质量，促进事业更好地发展。具有良好的生活情趣反映了一个人有较高的素质和个人修养，因而是每位教师应该追求和向往的生活目标。同时，学校也有义务为教师们提供多种活动机会，丰富教师的业余生活。

领域二　学科与教育教学专业知识

标　准	结 果 指 标
5. 关于学科的知识	5.1　掌握所教学段之上下学段的语文课程标准及教材中规定的、学生应积累的语言材料和语文知识。 5.2　系统地把握语文课程的知识体系和学生技能发展体系，能够描述学科知识的层级结构。 5.3　不断丰富“怎样进行听说读写”的程序性知识。

5.1　掌握所教学段之上下学段的语文课程标准及教材中规定的、学生应积累的语言材料和语文知识。

【内容要点】

成熟期的语文教师，不仅熟谙本学段课程标准及教材中规定的、学生应积累的语言材料，而且能放宽眼界，熟悉和掌握上下学段的语料积累要求。也就是说，小学语文教师，应掌握初中生需要积累的词汇、熟读的经典、背诵的篇章；初中教师，能掌握高中生的相应要求。反之亦然，高中教师应熟悉初中生的积累材料，中学教师应熟知小学语文的积累内容。

5.2　系统地把握语文课程的知识体系和学生技能发展体系，能够描述学科知识的层级结构。

【举例说明】

口语的层级结构

- 口语类型
  - 交际口语
    - 初级交际口语：交谈、讨论
    - 高级交际口语：采访、谈判、辩论、主持(节目或会议)
  - 独白口语
    - 保留口语语体色彩的日常口语：讲述见闻，复述转述，发表意见，即席发言
    - 以有声语言表达的书面语
      - 实用语体：播报新闻，做报告
      - 艺术语体：朗诵、演讲、配音、台词

“口语交际”是小学和初中阶段语文课程内容的一个重要板块。但交际口语只是口语类型之一，其发展要以独白口语的训练为基础。语文教师，可以参考上表中口语类型的划分，结合语文课程标准对各学段学生口语能力的具体要求，建构口语教学的合理序列，避免口语教学一盘散沙，随意为之。

5.3 不断丰富“怎样进行听说读写”的程序性知识。

【内容要点】

大学中文系学习的专业知识，主要是静态的陈述性知识。随着教龄和教学经验的增长，语文教师从熟练到成熟，必须开始不断丰富“怎样进行听说读写”的程序性知识。

【举例说明】　　读写知识的构成

根据不同功能，读写知识可以分为陈述性知识与程序性知识。

1. 揭示文章特点的陈述性知识，包括特定文体的知识和超文体的知识。(1)特定文体的知识，比如，文学作品与实用性文章，有什么不同特点？童话、寓言、小说、杂文、随笔、演讲词等，各有什么文体特征？现代诗与古代诗有什么不同？(2)超文体的知识，比如，什么是文章的“中心思想”？中心思想是否一定要以“通过记叙了什么，描写了什么，来表现了什么，抒发了什么”的模式来归纳？是不是每一篇文章都要做到中心思想的鲜明(甚至“进步”“深刻”)？怎样看待“意识流”的文章？什么是文章的“思路”和“关键词”？文章的思路可归纳为哪些基本类型？关键词的位置可以出现在什么地方？文章的题目与开头结尾，是否一定要点明主旨？……对于这些问题，相当多的中小学生是茫然的，这就是读写知识的欠缺。

2. 怎样阅读、怎样写作的程序性、策略性知识。例如，阅读时要注意开头结尾，找中心句，抓关键词；怎样在阅读中集中注意力、怎样选择书籍版本……

“程序性知识”与“陈述性知识”的划分，并不表示二者可以绝对分离。事实上，前者往往要以后者为基础。比如，“议论文的特点”是陈述性知识，“怎样读懂议论文”则是程序性知识。基于“论点、论据、论证三要素”的陈述性知识，可形成“先找论点、再找论据、再找论证方法”的解读程序；但假如这种知识对于解读议论文是无效的，我们就需要重新探索议论文更为本质的特点和正确的解读路径。

标 准	结果指标
6. 关于学生的知识	6.1 理解儿童发展心理学的基本内容，具有遵循儿童语言与思维发展规律开展教学的策略性知识。 6.2 了解教育心理学的基本内容，能将识字写字心理、听话说话心理、阅读心理及写作心理等语文教育心理学知识恰当地运用于日常语文教学中。

6.1 理解儿童发展心理学的基本内容，具有遵循儿童语言与思维发展规律开展教学的策略性知识。

【内容要点】

本阶段的小学语文教师应能从儿童心理发展的视角观察、分析并解决小学生成长中的问题。尤其应在语文教学中，能够遵循儿童语言和思维发展的规律，运用一些策略实施发展性教学。

本阶段的中学语文教师应了解中学生的身体变化及其对心理发展的影响；理解中学生认知的发展，情绪、人格及社会性的发展，帮助中学生塑造健全的人格。还应从儿童心理发展的视角观察、分析并解决中学生成长中的问题。在语文教学中，能够遵循儿童语言和思维发展的规律，运用一些策略实施发展性教学。

【举例说明】 在小学古诗教学中培养学生的创造性想象力

——王崧舟《长相思》(纳兰性德)教学片段

师：孩子们，请闭上你们的眼睛，让我们一起随着纳兰性德，走进他的生活，走进他的世界，随着老师的朗读，你的眼前仿佛出现怎样的画面和情境?(教师播放背景音乐《怆》并深沉、深情地范读)……

师：你们看到了那么多的画面。但是，同学们，在纳兰性德的记忆里面，他的家乡，他的故园，又是怎样的画面和情景呢?展开你的想象，把你在作者的家乡、故园看到的画面写下来。(背景播放《琵琶语》音乐，学生写片段)

生：我看见了纳兰性德的家乡鸟语花香，纳兰性德的家人在庭院中聊天；小孩子们在巷口玩耍嬉戏；放学归来的孩童们放下书包，趁着风放起了风筝……

生：我看到了那个晴朗的天气，妻子正绣着锦缎，孩子们在门外的草地里玩耍，一会儿捉蝴蝶，一会儿逮蚂蚱，一家人围坐在一起喝酒、聊天。

生：我看见了晚上月光皎洁，星星一闪一闪的，他的亲人们坐在窗前望着那圆圆的月亮，亲人们是多么希望纳兰性德能回到家乡与他们团聚啊！

师：天伦之乐，温馨融融。但是现在，这样的画面，这样的情景全破碎了。

师：在这里没有郊外的踏青，没有和孩子在一起的捉迷藏，没有杨柳依依，没有芳草青青，这里有的只是——一起读《长相思》。（学生齐读）

师：长相思啊长相思！山一程，水一程，程程都是长相思！风一更，雪一更，更更唤醒长相思。让我们一起读《长相思》。（学生再读）

案例分析：

小学是儿童思维发展的重大转折时期。即以具体形象为主要形式过渡到以抽象逻辑思维为主要形式。但这种抽象逻辑思维在很大程度上仍然是直接与感性经验相联系，仍然具有很大成分的具体形象性。因此，小学语文教师在教学中应该遵循小学生思维发展的这一特征，尽可能创设情境让学生有意想象，发展学生与众不同的想象力和敏锐的观察力。创造性想象与创造性思维密切联系。教学中要不失时机培养学生的创造性想象①。在这则案例中，教师以“在纳兰性德的记忆里面，他的家乡，他的故园，又是怎样的画面和情景呢?”发问，让学生瞬间进入“心系故园”的“追忆逝水年华”中。在舒缓的《琵琶语》的伴奏衬垫下，学生先融情创造想象，继而调动创造思维进行表达。

6.2　了解教育心理学的基本内容，能将识字写字心理、听话说话心理、阅读心理及写作心理等语文教育心理学知识恰当地运用于日常语文教学中。

【内容要点】

处于从熟练到成熟阶段的中小学语文教师除了对教育心理学的基本内容有所了解外，还能够将识字写字心理、听话说话心理、阅读心理及写作心理等语文教育心理学知识恰当地运用于日常的语文教学中。这里的“恰

---

① 谭文丽：《小学语文课程与教学论》，第 80～82 页，成都，四川教育出版社，2006。

当”主要指教师能够理解某一具体领域(如识字、阅读、习作、口语交际等)的学与教的心理学理论，并能尝试基于某一具体理论设计语文教学流程。

【举例说明】 “随课文分散识字”教学中的识字心理分析

“分散识字”实验始于1958年，最早由南京师范学院附属小学斯霞老师进行随课文分散识字的实验。目前，“随课文分散识字”的方法已经普遍运用于小学语文识字教学中。这一方法坚持“字不离词、词不离句、句不离文”，边识字边阅读，寓识字于阅读中。

认知心理学认为，人的知识是以减轻工作记忆负担的形式来表征的。“随课文分散识字”为学生提供了丰富的语言环境。这为学生沟通汉字音形义的联系，为学生日后提取该汉字音形义因素提供了多种信息，有利于保持和提取。如学生要回忆“追”这个字，可以通过“追”所在的课文中的句子——“小蜜蜂追飞机”——来回忆。若这句话无法提取，他还可以通过课文《稀奇歌》中的其他句子如“稀奇稀奇，真稀奇。小蜜蜂追飞机，蚂蚁踩死老母鸡”等多种信息帮助回忆。“随课文分散识字”是帮助学生建立“义——→音、形”联系的方式来学习汉字。①

标　准	结果指标
7. 关于课程的知识	7.1　理解语文课程改革中提出的基本理念，掌握课程标准的相关规定，能用教学实践阐释语文课程改革倡导的价值及课程标准的基本理念与内容。 7.2　理解所用语文教科书的体系及其理论依据，知道如何创造性地使用语文教科书，并努力开发语文课程资源。

7.1　理解语文课程改革中提出的基本理念，掌握课程标准的相关规定，能用教学实践阐释语文课程改革倡导的价值及课程标准的基本理念与内容。

【内容要点】

处于“熟练到成熟”发展阶段，任教1～9年级的语文教师应掌握《义务教育语文课程标准(2011年版)》的基本内容，高中语文教师则应掌握《普通

① 董蓓菲：《语文教育心理学》，第142页，上海，上海教育出版社，2006。

高中语文课程标准(实验)》的基本内容。同样，条件允许的情况下，鼓励语文教师通读两部课程标准，以便对整个基础教育阶段语文课程的安排有所了解。

与前一发展阶段相比，本阶段的中小学语文教师除了掌握国家课程标准的相关规定外，还要努力做到用自己的教学实践来阐释语文课程改革倡导的价值及课程标准的基本内容。

《义务教育语文课程标准(2011 年版)》中具体陈述了学生学习完某一学段的语文课程后必须达到的基本要求，为教师制定教学目标提供了依据。从熟练走向成熟，任教 1～9 年级的语文教师要逐渐做到用课堂教学实例解读课程标准的理念及内容。

7.2 理解所用语文教科书的体系及其理论依据，知道如何创造性地使用语文教科书，并努力开发语文课程资源。

【内容要点】

本条目包含两个要点：第一，本阶段的中小学语文教师在把握语文教科书时，不仅要关注选文等基本内容，更要从课程内容的选择与确定、课程组织等视角关注语文教科书的体系及其理论依据；第二，就使用教科书而言，本阶段的中小学语文教师要逐渐做到从语文课程资源的开发与利用的高度来看待、使用教科书。

语文教科书的内容排布及其理论依据：立足课程论的视角分析中小学语文教科书，必然涉及组织中心、组织元素、组织原则等概念。当前中小学语文教科书多以“单元”的形式组织编排，但是不同版本的教科书组织单元、排布单元的思路并不相同。其实，不同版本教材体系的差异主要表现在各自所采用的单元组织中心(围绕什么来组织单元)、组织元素(单元所包含的具体内容)以及组织原则(以什么次序来组织)不同。从组织中心的角度来看，当前的中小学语文教科书多采取主题、专题的组元方式，或采取语文知识点、语文能力训练点组元的方式。处于本阶段的中小学语文教师应该运用这些课程论知识分析自己所用教科书，不仅知道教科书是以什么角度组织单元以及语文课程内容如何排布在各个学段的教科书中，还要知道教科书呈现的这种体系背后的理论依据，进而分析已有教科书体系的优劣，并在教学中扬长避短。在把握整套教科书体系的过程中，逐渐提升自己整体把握语文课程内容的能力。

从课程资源开发和利用的高度来看待教科书：语文教科书是语文课程资源的重要组成部分，而不是唯一的语文课程资源。中小学语文教师既要重视语文教科书，还要努力开发、积极利用其他课程资源。这样做有利于突破传统语文学习的有限空间，让学生在各种语文实践活动中形成语文素养，不仅使语文课程内容发生变化，而且促使语文教学方式也随之发生转变①。

此外，就教科书的使用而言，课程标准明确提出“正确理解、把握教材内容，创造性地使用教材”②。“创造性地使用教材”包含以下内容：①教师自主地解释和评价教科书；②在依据课程标准确定教学目标和内容的前提下，可适当压缩分量、调整顺序和精选内容；③根据需要，可以补充课文以外的文章和音像教材；④对教材的有些内容，在指导学生进行对文本的思考和理解的同时，还可以指导学生利用校内外的环境进行观察和调查；⑤注意语文教材同其他学科的教材特别是政、史、地教材的有机配合；⑥以对教材的理解和把握为前提③。

【举例说明】

北师大版小学语文教科书“主题—情境”编排方式的理论探析

北师大版小学语文教科书在编排设计上“以学生的语文实践活动为核心，采用适合学生认知水平的主题或情境，以主题单元作为教材的呈现方式”。“主题”是指根据学生的生活经验、学习兴趣及汉语丰富的表义功能和独特的文化内涵来确定的语文学习主题，而“情境”是围绕主题设计的一系列语文实践活动的背景。从“主题—情境”作为背景、作为载体、作为支点三个角度切入，可对这一编排方式进行理论分析。首先，以“主题—情境”为核心元素组织并呈现单元，提供的是一个相对完整的言语活动的背景。作为背景的“主题—情境”，可以有效地激发学生的学习兴趣，有利于内化的充分实现，有助于迁移的发生和完成。其次，以“主题—情境”为核心元

---

① 郑国民：《新世纪语文课程改革》，第235页，北京，北京师范大学出版社，2003。

② 中华人民共和国教育部：《义务教育语文课程标准(2011年版)》，第19页，北京，北京师范大学出版社，2012；中华人民共和国教育部：《普通高中语文课程标准(实验)》，第13页，北京，人民教育出版社，2003。

③ 朱绍禹：《中学语文课程与教学论》，第104～106页，成都，四川教育出版社，2006。

素来组织单元，“主题一情境”成为语文学习内容的载体。植根于情境的知识和技能、贯穿于情境的过程和方法、渗透于情境的情感体验都是语文学习的重要内容。而这种依托情境呈现学习内容的方式，充分体现了母语学习与生活一体的理念，凸显了语文实践活动对语文学习的重要意义，也更好地展现了语文学习的过程与方法，还特别关注了学生在语文学习过程中的情感体验。最后，围绕“主题一情境”来组织单元，作为支点的“主题一情境”，既可以成为引发师生与教科书平等对话的触点，同时也可以将丰富的母语课程资源凝聚、纳入其中。支点聚而不拘，很好地照顾到了学生的个体差异，也为教师创造性地使用教科书提供了有效的凭据。①

标准	结果指标
8. 关于教学的知识及学科教学知识	8.1　掌握语文教学目标、语文教学原则、语文教学内容、方法及过程，现代语文教学技术以及语文教学评价等理论知识。

8.1　掌握语文教学目标、语文教学原则、语文教学内容、方法及过程，现代语文教学技术以及语文教学评价等理论知识。

【内容要点】

对处于熟练到成熟发展阶段的中小学语文教师而言，应该基本掌握上述内容。“掌握”意味着教师们能够正确理解语文教学论的相关知识并能够在语文教学实践中运用。

比如，在语文教学目标一项中，建议本阶段的中小学语文教师尝试布卢姆的教育目标分类系统或加涅的学习结果分类系统运用于语文教学中，探索语文教学目标的合理表述方式。此外，在拟定教学目标时，应该就具体的教学内容通过调查、访谈等方式充分了解学情，了解哪些是学生不知道的，哪些是学生想知道的，哪些是学生能知道的。

在语文教学内容一项中，本阶段的中小学语文教师应该深入思考如何将语文教材的内容转化成为语文教学内容，即要重视语文教学内容的重构。

---

① 陈晓波：《小学语文教科书“主题一情境”编排方式的理论探析》，北京师范大学硕士论文，2006。

在语文教学评价一项中，本阶段的中小学语文教师应了解教学评价的三种基本类型——诊断性评价、形成性评价和终结性评价①，并在教学实践中积极探索语文形成性评价的实施策略。

标　准	结 果 指 标
9. 科学与人文素养	9.1　全面理解科学素养与人文素养的内涵。 9.2　有计划地阅读语文专业之外的书籍。 9.3　热爱本土文化，积极了解异域文化。具有传承中华优秀文化的强烈的责任感，具有国际视野。

9.1　全面理解科学素养与人文素养的内涵。

【内容要点】

成熟的教师，对科学素养与人文素养的内涵理解要更为全面。关于科学素养，除了不断丰富科学知识，而且首先对科学方法和科学精神的理解更为深刻，比如科学的实证方法、证伪原则、怀疑精神、论证精神等。其次能够理性辩证地看待科学技术。科学的思维方式具有局限性，技术是一把双刃剑，避免陷入科学主义和技术至上的误区。

9.2　有计划地阅读语文专业之外的书籍。

【内容要点】

熟练到成熟阶段的语文教师，应该挤出更多时间广泛阅读语文专业外的书籍。这里，我们推荐一些广受读者欢迎的通识性著作：

张民生、于漪总主编，商友敬等执行主编：《教师人文读本》(三卷)，上海，上海辞书出版社，2006。

中国教育学会主编：《教师人文读本》(四册)，北京，石油工业出版社，2011。

“人文社会科学是什么”丛书，北京，北京大学出版社，2002—2010年陆续出版。

“名家通识讲座书系”，北京，北京大学出版社，2004年起陆续出版。

---

① 施良方、崔允漷：《教学理论：课堂教学的原理、策略与研究》，第335页，上海，华东师范大学出版社，1999。

“大家小书”丛书，北京，北京出版社，2010。

“跟大师学国学”丛书，北京，中华书局，2009。

提高科学素养的科普类书籍：

陈芳烈主编：《E时代的N个为什么》(共12册)，广州，新世纪出版社，2004。

张存浩、陈竺主编：《彩图科技百科全书》，上海，上海科学技术出版社，2005。

路甬祥：《科学的道路》，上海，上海教育出版社，2005。

李政道主编：《科学与艺术》，上海，上海科学技术出版社，2000。

卞毓麟：《追星——关于天文、历史、艺术与宗教的传奇》，上海，上海文化出版社，2007。

郭正谊：《打开原子的大门》，长沙，湖南教育出版社，1999。

梁衡：《数理化通俗演义》，武汉，湖北少儿出版社，2009。

吴国盛：《科学的历程》，北京，北京大学出版社，2002。

[美]撒迦利亚·西琴：《地球编年史》(七部)，重庆，重庆出版社，2009—2011。

[美]乔治·阿贝尔、艾萨克·阿西莫夫、卡尔·萨根、马丁·加德纳等：《科学与怪异》，上海，上海科学技术出版社，1989。

[美]马丁·加德纳：《从惊讶到思考——数学悖论奇景》，北京，科学技术文献出版社，1998。

[美]托马斯·刘易斯：《细胞生命的礼赞》，长沙，湖南科学技术出版社，1995。

[英]史蒂芬·霍金：《时间简史——从大爆炸到黑洞》，长沙，湖南科学技术出版社，1995。

[美]卡尔·萨根：《宇宙》，长春，吉林人民出版社，1998。

[英]迈克尔·怀特：《异想天开的大脑》，北京，中国人民大学出版社，2011。

9.3 热爱本土文化，积极了解异域文化。具有传承中华优秀文化的强烈的责任感，具有国际视野。

【内容要点】

这一阶段教师，对本土文化和异域文化的了解更为充分；在此基础上，对于传承中华优秀文化，具有更加强烈的责任感；并具有更为宽广的国际视野。

维度二　专业实践

领域三　促进学生的学习与发展

标　准	结果指标
10. 创设良好的学习环境	10.1　积极创设教室里良好的物理环境，有序置放学习用具，精心设计墙报和饰品。 10.2　创设课堂上良好的心理环境，让学生有适度紧张感。

10.1　积极创设教室里良好的物理环境，有序置放学习用具，精心设计墙报和饰品。

【操作要点】

熟练到成熟阶段的教师，不仅能够保证教室里基本的物理环境条件，而且积极创设更加良好的物理环境。他们能够引导学生有序置放学习用具——个人的书包文具、学习材料，要整齐归置，以备上课时迅速取用；班级公用的物品，如大型工具书和公共图书，也要有序放置，便于大家使用。

教室的后墙有黑板报，周围墙面可张贴学生的作品和照片、小组活动的竞赛表、励志的格言警句、审美娱情的诗文绘画；教室要像一个家那样美丽温馨，还少不了花卉、墙贴等饰品。教室的布局和装饰还要不定期地置换更新，让学生常有新鲜感。——这些，成熟的教师，都会用心设计。

10.2　创设课堂上良好的心理环境，让学生有适度紧张感。

【操作要点】

课堂上学生的心理环境，首先是安全、放松，但也要有适度的紧张感。心理学表明，适度紧张和焦虑的状态下，人的学习效率最高。因此，成熟的教师，不是一味追求课堂氛围的轻松以致稀松，而是要通过必要的严肃和权威、通过对学生纪律和学习状态的密切观察、通过点名提问等方式，让学生感到课堂不是休闲之地，而是紧张工作的战场。

标　准	结果指标
11. 设计合理的教学方案	11.1　清楚地明白教学设计要做三件事，能够依据教学目标设计评价方案，实践“评价先行”的理念。 11.2　明辨教学与考试的不同性质，不把应试作为教学设计的全部出发点。能够提供教科书之外的恰当的学习资源。 11.3　根据实证的学情分析，准确把握教学重难点，从学生的问题出发展开教学。 11.4　根据比较系统的汉字学、词汇学知识，在识字与词语教学中能够分类教学，能够通过典型语境和恰当的比较，细致甄别词语含义。 11.5　阅读教学，能够基于对主旨的深刻理解，引导学生多元解读和多种体验，同时正确把握多元解读的限度；高度重视语言的品味，把语言品味与内容理解紧密结合。 11.6　阅读教学，能够把“讲课文”变成“教读法”，把知识目标转化为能力目标。 11.7　熟练运用阅读教学常用的五大策略。 11.8　坚持不懈地引导学生积累生活、思想和语言来作文。具有比较丰富的作文指导策略。勤于作文，能为学生示范。 11.9　紧扣教学目标，设计与之匹配的、符合学生认知规律的教学流程。教学环节清晰有效。 11.10　基于课程标准，整体把握语文课程内容。特别注意学段衔接问题。

11.1　清楚地明白教学设计要做三件事，能够依据教学目标设计评价方案，实践“评价先行”的理念。

【操作要点】

教学设计专家梅格(Robert F. Mager)指出，教学设计就是要做三件事：“我要到哪里去，我怎样到那里去，我怎么知道我到了没有”，分别照应着教学目标(内容)、过程(策略)和评价。熟练期教师对此有清醒认识，教学设计能够简化头绪、抓住要害。特别是，能够在教学设计中实践“评价先行”的理念。教学设计的思路应该是：先设计目标和评价，然后才设计具体的学习活动，把评价的内容和实施，融入学习过程之中。

下图显示传统教学与现代教学中，评价地位的根本差异①。

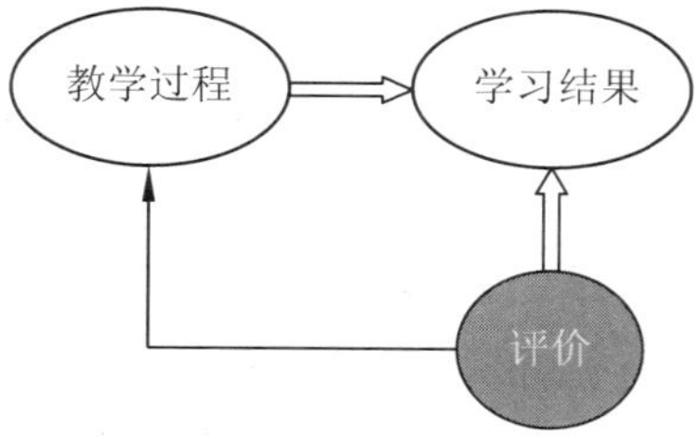

评价在传统教学中的位置：
处于教学过程之外

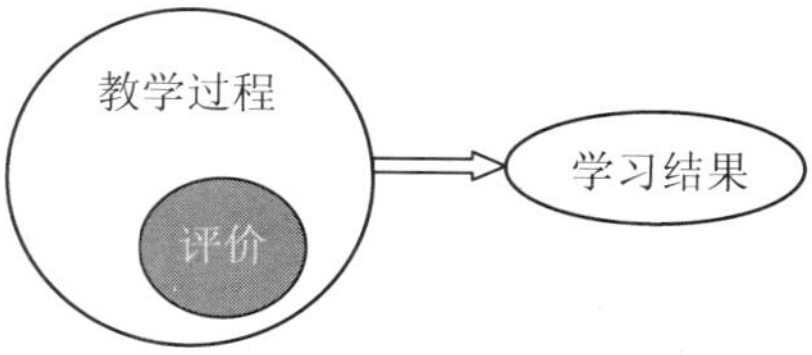

评价在现代教学中的位置：
贯穿教学的过程中

11.2　明辨教学与考试的不同性质，不把应试作为教学设计的全部出发点。能够提供教科书之外的恰当的学习资源。

【操作要点】

“课程”“教学”不等于“评价”，“评价”也不等于“考试”。围绕地区统考、中考、高考的指挥棒，以考试内容来决定教学内容，在道理上是站不住的。特别是大规模纸笔测试有天然的局限性，不可能考查出学科课程所要培养的全部的学科素养。比如，动手操作的技能、解决实际问题的能力、与人沟通合作的态度和技能、丰富的情感体验，甚至对知识的深层次理解与发散性思维。因此，“考什么就教什么”的态度，不是一个成熟教师应有的态度。

当然，在考试制度和命题技术有待改进的情况下，谁也不可能完全超脱考试。成熟期的教师，实际上是用三年、六年备考，在日常教学中真正培养学生的能力，而不是直奔考试主题，单纯训练应试技巧。实际上，没有学生扎实的能力做根基，这种应试训练也往往难以奏效。

总之，优秀的教师，为课程负责、为学生的终身发展负责，而不是仅仅为考试负责。那种完全从“应试技巧”出发的、言必谈考试的课，即使教师富有经验，也不足为训。

---

① 闫寒冰：《学习过程设计——信息技术与课程整合的视角》，第 89 页，北京，教育科学出版社，2005。

11.3　根据实证的学情分析，准确把握教学重难点，从学生的问题出发展开教学。

【举例说明】

一位小学老师执教《狼牙山五壮士》。起初的教学，紧紧围绕“从哪里看出他们是壮士”这个主问题展开。这样的设计，教学环节清晰，学生会随着教师的引领，深入理解课文，感受人物形象。但两次试讲下来，总觉得学生的积极性并不高，班中只是几个学习好的学生在展示，更多的学生由于生活离文本较远总是处于游离状态，特别是指导学生读口号的时候，那更是一种只求气势，不求情感的嚷。学生这样的学习状态让她很心急。

于是，她开始展开实证的学情调查，对学生初读课文后的情况进行前测，发现有57％的学生能读懂五壮士很勇敢，恨敌人。32％的学生能读懂他们具有舍己为人的品质。47％的学生不懂他们为什么要跳崖？40％的学生不懂他们为什么要把敌人引上山？28％的学生不懂他们为什么要把枪砸碎？15％的学生不懂课文为什么开始称他们为战士，后来叫壮士？我们可以惊喜的发现，大多数学生是可以自己读懂这篇文章的，对于故事情节、人物形象都有一定的认识。学生的问题是有深度的：1. 他们的问题都是围绕人物形象提出的。说明课文中所描写的人物是吸引他们的。2. 他们的问题都集中于人物“壮”的表现。正好聚焦于我们教学的重难点。

就这样，以学生认知为起点的新的教学设计渐渐清晰起来。上课伊始，老师和学生回顾大家质疑的问题。师：“我们对课文内容存在着这些问题，你认为哪个是最主要的问题，我们解决了它，其他问题也就迎刃而解了呢！”一石激起千层浪，学生思维被调动起来，学生A：解决跳崖这个问题，因为这个环节是最感动我的。学生B：解决为什么从战士到壮士，因为它包含了其他问题。学生C：我同意他的观点，因为其他问题都和这个问题有关系。就是因为决定引上绝路，跳崖这些举动，他们才被称为壮士。学生D：我认为先解决为什么引上绝路，因为这个事件发生在前边。这个环节用了5分钟，那是一种各抒己见状态，呈现出海阔天空的境界。不难发现，学生在发言中有自己对课文的理解认识，有自己的思维的逻辑推理，此后，教师归纳提升：“我同意……，因为他们通过对比每个问题，找出问题之间的联系，找出其中最主要的问题。”这一节课的教学从问题开始，学生又带着新问题走出课堂。学生思维活跃，感受深刻[①]。

11.4　根据比较系统的汉字学、词汇学知识，在识字与词语教学中能够分类教学，能够通过典型语境和恰当的比较，细致甄别词语含义。

【操作要点】

(1)根据汉字造字法的规律(六书)进行识字归类教学。

(2)词语教学，能够根据词语的不同特点，选择适宜的教学方法。比如，有的词语可以通过语素分析来解释；有的词语可通过解析形体的本义来解释；有的词语需要进行状态描述；有的需要放入语境，理解其在语境中的具体意义等。对于含义相近的词语，要通过典型语境和恰当的比较，细致甄别词语含义。

(3)古汉语教学，能够系统把握中学阶段学生应掌握的实词、虚词、句式等，把它们放在不同篇目或语料中比较、梳理、整合、强化。

11.5　阅读教学，能够基于对主旨的深刻理解，引导学生多元解读和多种体验，同时正确把握多元解读的限度；高度重视语言的品味，把语言品味与内容理解紧密结合。

【操作要点】

该条指标，揭示了成熟教师把握阅读教学内容的两大特征。首先，积极的阅读是读者与文本对话、激活自己的感受和思想，而不是简单接受文本结论，因此，成熟教师允许和鼓励课堂上有质疑、有争辩，有异质的声音。其次，各种多元理解，都要基于文本、紧扣语言，因此，成熟教师在引导学生多元解读和多种体验时，能够正确把握多元解读的限度，不会脱离文本、架空分析、随意阐发。教师引导学生品味语言时，不会孤立而刻板的辨认修辞格，而是能够把语言品味与内容理解紧密结合。

【举例说明】　《济南的冬天》语言品味

《济南的冬天》是一篇经典的写景散文，景物描写生动传情、语言极富韵味。教师应如何引导学生品味语言？请参阅刘占泉老师的精彩示范[②]：

老舍先生的这篇散文，与读者亲切地交流，描述济南奇异的景色，诉

---

① 案例来源：由北京朝阳区芳草地国际学校牛小溪提供。

② 刘占泉：《散文阅读教学路径新探》，载《语文教学通讯》，2010(3B)。

说自己的真切感受。全篇都弥散着一种浓浓的亲切感和亲和力，仿佛是向自己的老朋友(读者)介绍自己的新朋友(冬天的济南)，似乎该文神韵就集中于此，辐射自此。阅读的时候，要细心感受和体会这个总的特色。

老舍先生旅居英国数年，回来以后客居济南，他是以天涯归客的身份、外乡人的视角来观察“济南的冬天”。他对这里的风光由衷地喜爱，其中自然包蕴着故国河山之恋，也透露出一个外乡人对于外乡水土风情的惊喜感。教学中，涉及这层含义，应该有益于深入感受作品的内蕴。

本篇描述的重心，可以归结到一个“小”字上，这是非常奇特的，当视为作品的个性。我总有这样一种感觉，好像站在一个沙盘旁边，俯瞰冬天的济南风景。你看，“小山”围成一个“小摇篮”，让“老城”安适地睡在里面；城外的山仿佛是一个“秀气”的女孩子，披着“带水纹的花衣”，夕阳下还露出害羞的粉红色的笑意；小小村庄、薄薄残雪，构成一张“小水墨画”；最后，青天碧水汇合成一块“蓝水晶”，将城里的房屋、城外的野山和“像地毯上的小团花的小灰色树影”，全都“包”在里面了。——何其“小”也，那是精美的“小”、秀气的“小”、弥散着温馨至情的“小”。这“小美”之中，珍藏着无尽的欣喜与温情，折射出作者纯真的情怀。

小美亦美，而且是一份独特的美，幽雅而悠远的美。这种美，负载于中国做派的优雅的文字表述，自然而明朗地从作者笔下流淌出来，成为心灵的写照、情怀的辐射。文字中发散着那一份温情，也能深深感染“潜心会本文”的读者，使我们凭借涵泳文本而“亲和”于作者的情怀——那一份山水之爱、民居之亲、真淳温厚的民情之爱。

在描写中运用比喻等修辞方法，富于变化，能使人产生美的联想。第二段写小山，作者想象着山和济南人在悄声对话，仿佛打开一扇童话之窗，那么神奇而温暖，也可以比喻成暖色调的年画吧；第三段写山间雪景，又把景色想象成穿着花衣服的小姑娘，仿佛展开一幅鲜浓明快的水彩画；第四段文字简约清淡，透露给我们水墨画的淡雅韵致；第五段写济南的绿水蓝天，既有水彩画的透亮感，又有一些油画的浓郁感。诗情画意，给人带来的美感真是丰富而生动。

11.6 阅读教学，善于把“讲课文”变成“教读法”，把知识目标转化为能力目标。

【操作要点】

把讲课文变成教读法，才能真正落实三维目标中的“方法”维度(“新手到熟练阶段”的11.2中曾经指出，“过程与方法”中的“方法”，是学生通过学本文掌握的特定读法，而不是文章的写作方法)。初任教师对此是无意识的，但可能在比较准确的讲课文中涉及方法；熟练教师对此有意识，但方法理解不到位；成熟教师能够理解和实施到位。

【举例说明】

李商隐《锦瑟》的主旨，历来众说纷纭，教师可以把各家之说直接告诉学生，这就是教“课文”、教“阐释结论”；但成熟的教师，更注意教给学生“何以读出这些不同主旨”的方法(比如根据诗中词语的隐喻之意，根据诗中使用意象的特点、典故的含义、营造的意境和感情基调，根据诗的创作时间和作者的生平遭遇……)，这里体现了文本细读、意象分析、知人论世等不同的解读方法。成熟教师在确定《锦瑟》的教学目标时，能够把“知道本诗的不同主旨”的知识目标，转化为“如何读出不同主旨”的能力目标。

11.7　熟练运用阅读教学中常用的五大策略。

【操作要点】

教学策略的种类繁多且无定式，不同的教学内容、针对不同的学生，应有不同的策略。下表列出的五条策略，具有一定的普适性。这五条策略的分类标准不尽一致，在实际运用中，可能存在交叉关系。

策略分类	策略说明与举例	所针对的学生问题
问题策略	用巧妙的问题“打开文本”、引发兴趣、激活思维。	学生进入不了文本，字面意思都懂，却发现不了值得思考和品味的东西。
活动策略	用学生的活动调动兴趣，如表演、竞赛、分角色朗读；用活动落实语文学习的实践性，如各种笔谈与迁移性的微型写作。	学生没有阅读兴趣；被动回答教师的琐碎提问，被牵着走，理解与表达能力得不到切实训练。
情境策略	音像直观、教师语言渲染、朗读、移情体验、角色模拟、生活问题情境等。	学生无法建立形象感受；无法理解抽象知识。

（续）

策略分类	策略说明与举例	所针对的学生问题
比较策略	如建立先行组织者，给思维搭台阶；词句置换策略；通过互文加深理解；各种现象、事物、事理的比较。	学生对主旨的理解、语言的品味不到位，又不宜由教师直接讲授。
联系策略	联系创作背景、作者的生平性情；联系现实生活、学生的情感体验。	学生与作者在年龄、时代、生活体验上有距离。

11.8　坚持不懈地引导学生积累生活、思想和语言来作文。具有比较丰富的作文指导策略。勤于作文，能为学生示范。

【操作要点】

成熟的教师，能够更加坚定地把握正确的作文观和作文教学观，持之以恒地引导学生，通过积累生活、思想和语言来作文。同时，他们拥有比较丰富的作文教学策略，比如激发写作兴趣的策略、分解训练步骤的策略、创设写作情境的策略、拓展构思维度的策略、有效修改的策略等。

成熟期的教师，更加勤于自身的写作，以切身的写作体会和经验，为学生提供指导和示范。

11.9　紧扣教学目标，设计与之匹配的、符合学生认知规律的教学流程。教学环节清晰有效。

【操作要点】

如果说，“提炼正确的教学内容”是语文教学的立课前提，是新手教师走向熟练时，必须下大工夫钻研和解决的问题；那么，熟练到成熟期的教师，则需要在“教学流程”的设计上，有所突破。

不成熟教师的教学过程设计，往往只追求形式和手段的新颖，陷入一种“创新冲动”。成熟教师则能够设计与目标内容匹配的教学进程，并符合学生的认知规律。教学环节清晰而有效。正如王荣生教授所说，教学环节，就是在起点的“学情”与终点的“目标”之间，搭设 2～4 个台阶。

【举例说明】 教学环节与教学目标的高度匹配

——欧阳黛娜老师执教的《岳阳楼记》[①]

目标定位：领会本文的思路结构之美

预习内容：

一、正音、朗读全文

二、口译1、2自然段

三、思考以下问题：

1. 标题“记”，什么体裁？文章以记叙为主、还是以议论抒情为主？

2. 找出中心线索句，它是如何贯穿全文的？

3. 为什么要详写洞庭湖的风光？这是文章的中心内容吗？

课堂教学过程：

环节1：口译1、2自然段。注意“谪守、备、然则、异”：“前人之述备矣”，自封文路；“然则”与“览物之情，得无异乎？”另寻新路。

环节2：学习3、4自然段。虽然是文章主体，在语言上也很有特色(骈散结合，对偶铺排，生动形象，朗朗上口)，但不作为本课的教学重点，只在通读后提出一个“小”问题：这两大段的景物描写，写出作者所说的“异”了吗？

环节3：精读第5自然段。抓住“或异二者之为”，“二者”是指什么？不同意，为什么还要写出来？第三种心境是什么？哪句话点明？

环节4：用“微斯人，吾谁与归？”中的“斯人指谁”照应开头，明确写作意图。

案例分析：

1. 欧阳老师的教学目标明确、集中、恰当，在领会文章构思巧妙的同时，体会作者思想境界之高。这就是内容与形式的和谐统一。

2. 预习内容，经过了精心设计，与目标内在一致。在教学设计中明确预习的任务，而不是泛泛地让学生读读课文，值得广大教师学习。

3. 课堂教学中的四个环节，环环紧扣，牢牢抓住全文中心句“览物之

① 王荣生：《听王荣生教授评课》，第21～24页，上海，华东师范大学出版社，2007。

情，得无异乎”展开教学思路，这个中心句，就是欧阳老师执教本课、打开文本的一把钥匙。整个设计，完美呈现了以一条线索贯穿教学全程的课堂教学结构。

11.10　基于课程标准，整体把握语文课程内容。特别注意学段衔接问题。

【操作要点】

长期以来，语文教学处于“铁路警察、各管一段”的局面。初中教师埋怨小学的快乐教育使学生的基础没有打好，拼音到初中还要补课、错别字连篇；小学教师却委屈地说学生的语文底子都是小学打下的，初中教师什么都没做；高中教师和初中教师也互相埋怨……成熟的教师，不会这样徒劳地抱怨，而是前后关照，清楚学生在每个阶段都在学什么、怎么学，据此安排教学内容和教学方式，保证学生在学习内容和学习方法上的弥补、铺垫、衔接、过渡和提升。

【举例说明】　初中与高中文言文教学的差异、矛盾和协调

有些地区多年来的中考文言文试题，只考课内的文章，而且是《中考说明》中列出的20多篇，这造成了部分教师只教这些考试篇目，把它们掰开了、揉碎了，反复灌输、机械强化，引起学生对文言文的强烈厌恶。而学生真正需要的广泛阅读、培养文言语感和阅读兴趣，却得不到落实。学生到了高中，一下子面对大剂量、高难度、篇幅长的文言文，学习困难、极不适应，甚至根本没有借助工具书自己疏通文义的习惯和能力。而且，高考文言文选择课外文段，也在检测学生真正的文言阅读能力，这不是只抓住课内几篇课文就能奏效的。曾有一所普通中学的语文教师坦言：我们学生的基础和能力很差，中考现代文阅读题很活，他们拿不到分，我们就靠文言文抓分了。笔者马上追问：那你们的学生到了高中(这是一所完全中学)，还能靠文言文拿分吗？教师哑然。

要改变这种局面，既需要初中教师更新观念、遵循课程标准的要求来教文言文；也需要中考文言文试题的改革；高中教师也应面对现实、寻策应对。

标 准	结果指标
12. 实施有效的教学活动	12.1 教学语言精练生动，富有亲和力。具有课堂变化能力。 12.2 能够针对教学重难点和学生的表现及时强化。 12.3 根据学生学习情况有效调控教学内容和节奏。 12.4 掌握转引、提示、深化、转问、反问、回问等高级提问技术。 12.5 认真倾听，及时而正确地反应；能调动学生群体参与教学活动。 12.6 能够组织有效的合作学习，体现学习的社会性。

12.1 教学语言精练生动，富有亲和力。具有课堂变化能力。

【操作要点】

成熟期教师的语言表达，要有更高要求：

(1)语言本身做到精练而生动，语音、语速、语调富于变化。

(2)重点突出，能够对传递的信息聚焦、强化。

(3)层次分明，有条有理，各项内容之间有过渡语，有提示和小结。

(4)调动丰富的背景知识进行讲解、阐释、举例。

(5)运用表情、手势、身姿等体态语(副语言)加强信息传递的效果。

成熟期教师的课堂教学，能够避免刺激的单调，在语言表达和组织活动时，具有更强的变化能力：

(1)语言表述的内容富于变化，语音的音强、音长、音调、语速等富于变化。

(2)表情、手势、身姿、站位等根据需要灵活变化。

(3)灵活运用视觉、听觉乃至触觉、嗅觉等多种感官通道，变换信息刺激的方式。

(4)课堂的某个教学环节，一般不超过15分钟的注意力极限。

(5)避免单一的口头语言活动的单调，加强笔谈、练习等动手活动；灵活组织表演、游戏、竞赛等多种活动。

12.2　能够针对教学重难点和学生的表现及时强化。

【操作要点】

“强化”有两层含义。第一，按照日常概念的解释，“强化”即“强调、巩固”的意思。教师要对教学内容中的重点、难点、关键信息进行强调，使学生在此处，注意力更集中，思想上更重视，理解和掌握得更牢固。第二，按照心理学上的解释，“强化”是个专有名词，是指对有机体的某种行为做出一定反馈，从而使这种行为得到改变或固定。

就“强化”的第一层含义来说，学生在一节课上要接收大量信息，要想更加有效地理解与掌握所学内容，就需要教师把最重要、最关键的信息及易混易错点抓准抓住，并通过恰当方式使其在众多内容中突出出来，固化为学生的认知与行为。强化教学内容的主要手段，是语言重复、语音语调的变化、补充例子加强阐释、板书、提问、让学生复述、手势、眼神、增加练习等。特别是语言的重复和变化、板书，是最常用的强化手段。

就“强化”的第二层含义来说，强化技能是对学生的认识或行为进行直接或间接干预，即对学生认识或行为中符合教学要求的成分进行肯定、表扬、奖励，对学生的认识或行为中不符合教学要求的成分进行否定、批评、惩罚，使直接或间接呈现的刺激物与教师所期望的学生认识或行为之间建立稳固联系的教学行为方式。强化有积极与消极之分，也分为内部强化与外部强化，连续强化与间歇强化。强化物是多种多样的，如语言、物质、标志、活动、练习等。运用各种强化手段时要综合考虑具体的教学情境。

关于强化技能，教师应注意：是否正确选择了应强化的内容；是否运用了多种强化形式；是否在恰当时机有效进行强化；强化是否达到了应有的效果；强化是否关注学生的差异等。

12.3　根据学生学习情况有效调控教学内容和节奏。

【操作要点】

成熟期的教师，具有更强的课堂调控能力，能够根据学生的学习情况有效调控教学内容和节奏。

【举例说明】

一位教师在执教《海燕》时，发现一名学生提出这样的问题：为什么写暴风雨来临前的海燕，不写暴风雨中的海燕？教师觉得这是一个理解课文内涵的关节点性质的问题。于是教师放弃自己预先设计好的问题：你认为海燕的形象是怎样的？而将学生的这个问题大大地打在幻灯片上，标上这位同学的名字，将其作为全班讨论的问题。问题一出，全班立刻动起来，学生们纷纷从课本中找答案，有的说是因为暴风雨前的气候恶劣；有的说是因为暴风雨前可以看出不同海鸟的选择；也有的说暴风雨是革命的风暴；还有的联系课前预习提示中海燕在俄文中的含义，指出在暴风雨来临之前海燕的勇敢表现一方面是由海燕本身特点决定；另一方面作者正是借用海燕的这一特性寄托作者对革命风暴的渴望！课堂讨论气氛热烈，教师就势抓住这个契机，顺利突破理解海燕形象这一重难点。下课了，学生们还沉浸在解决这一问题的兴奋之中，无论对提出问题的学生还是帮助这位同学解决问题的学生们而言，这节课他们是主人，他们是问题的提出者和问题的解决者，他们思考了，倾听了，争论了，提高了。[①]

12.4 掌握转引、提示、深化、转问、反问、回问等高级提问技术。

【举例说明】 阅读教学中的提示与追问——《少年闰土》教学片段

教师让学生集中阅读涉及闰土的肖像描写，然而提问：少年闰土是个怎样的孩子？

生：不知道。

师：没关系。你先看看，闰土紫色的圆脸说明了什么？

生：说明他是一个日晒雨淋、健康的孩子。

师：对。闰土头戴小毡帽又说明什么？

生：说明他是一个浙江农村的孩子。

师：很好，为什么闰土颈套银项圈？

生：这说明父母非常疼爱他。

师：现在，你能说出闰土是怎样一个孩子了吧？

生：闰土是一个健康的、深受父母疼爱的浙江农村的孩子。[②]

案例分析：

回答“不知道”的学生，还缺乏一定的分析概括能力。这时候，如果教

---

① 案例来源：由北京教育学院卢杨提供。

② 参阅肖锋：《学会教学——课堂教学技能的理论与实践》，第229页，杭州，浙江大学出版社，2004。略有改动。

师马上换一个学生提问，就失去了一次个别指导的契机，而且使这个学生产生挫败感。案例中的老师循循善诱，通过拆分原文的具体描写，一句句地引导学生理解和概括闰土的现象，这就是教学实施过程中的提示与追问技能。

12.5 认真倾听，及时而正确地反应；能调动学生群体参与教学活动。

【操作要点】

成熟教师在课堂上，更加重视对学生的观察与倾听，并做出及时的反馈评价。他们能够从学生困惑或满足的表情中、从学生迟疑或武断的发言中，看出、听出学生思维和情绪的问题，准确把脉，对症下药。

长期以来，课堂上对学生发言的反馈评价，一般只有老师是最终的权威，教师转问其他同学“他说得对不对呀？有什么不同意见?”往往只是一种提问的技巧，发言的对错，最终还是老师说了算。这种课堂评价文化，使学生养成了只对老师讲话、只向老师负责的习惯(其他同学能不能听清、听懂我的话，不要紧，只要老师听清就行了，反正老师会给我当传声筒和翻译机)，这不利于培养口语表达的交际意识和负责态度。因为老师是权威的评价者，所以“积极发言”是给老师听的，而不是真正地与同学一起切磋研讨。即使在体现了新课程理念的课堂上，老师让同学们自由畅谈阅读感受，不做明显的是非判断，但总是不由自主地充当起权威的评价：“你说得真好!”“你真聪明!”“你的见解真独到!”“是这样吗?”……上述情况中教师的评价，已经成了桎梏学生思维自由和心灵真诚的无形枷锁。因此，成熟教师，应该真正调动学生群体参与教学活动。比如，当学生发言只是面对教师的时候，教师能够及时提醒：“请你面向全班同学讲话。”

【举例说明】

一位老师在教学《四季》(人教版语文教科书第一册的课文组第2课)一课中的“草芽尖尖，他对小鸟说：‘我是春天’”时，发生了这样一个教学片段：

师：除了草芽说：“我是春天”外，还有哪些事物也可以说“我是春天”呢?

生1：桃花说：“我是春天”。

生2：柳芽说：“我是春天”。

这时有个学生(生3)说：“白云说：‘我是春天’”。

师：这样说可以吗?

生4：不可以，因为白云是一年四季都有的。

师：你说得真好，白云不是春天独有的特征。

这时又有一个同学(生5)站起来说：“小朋友说：‘我是春天！’”

这时马上就有一个学生(生6)反对说：“不行，小朋友也是一年四季都有的，不是春天独有的特征。”

师：“对！”

案例分析：

这位教师对生4、生6的肯定，对生3、生5的否定，虽然最初把评价权交给了学生，但最终还是教师裁定(“你说得真好！”“对！”)，而且，教师对生3的追问(“这样说可以吗?”)，已经隐含了教师否定的态度，聪明的学生“听话听音”，迅速沿着“不可以”的方向去找理由。待到教师表扬生4后，生6也会很自然地顺着教师肯定生4的思路去否定生5。其实，当教师追问生3“这样说可以吗?”，而生4说“不可以”时，教师可以进一步把质疑的机会交给学生，让他们讨论：生3的说法究竟可不可以？而不是急切地支持生4的意见。

事实上，春天的白云，自有春云的特点，只要抓住特点，完全可以代表春天；至于“小朋友”，更是代表春天的神来之语！可惜，此时培养学生细致观察生活、做出类比联想的契机，被教师武断的评价错失了；不仅错失，而且扼杀了学生丰富的联想力和创造力。之所以如此，根本上还是因为教师本人缺乏联想力和创造力，思维僵化，缺乏对语言和生活的敏感。

12.6 能够组织有效的合作学习，体现学习的社会性。

【操作要点】

新课程大力倡导自主、合作、探究的学习方式，其中的“合作”，尤为深刻地改变着课堂教学的组织形态。合作学习，不只是为了活跃课堂气氛、激发学生兴趣，更是体现了学习的社会性本质；合作学习，作为一种抽象的学习方式，其操作形式也不限于同位交流、小组讨论等。

目前的课堂教学中，老师们时常组织合作学习，但不少活动流于形式，没有起到应有效果，反而浪费了宝贵的教学时间。因此，成熟教师要不断探索合作学习的有效性问题，比如正确选择适宜合作学习的内容、恰当地分组分工、培养学生的合作意识与合作能力、有效监控合作学习的过程、设计有效的小组合作学习的评价方案等。

标　准	结果指标
13. 培养良好的学习习惯与指导学生学会学习	13.1　在课堂教学与课外指导中，高度重视、坚持不懈地培养学生良好的学习习惯。 13.2　指导学生习得自主、合作、探究的学习方式。 13.3　熟悉多种学习策略，能够相机进行策略性知识的教学。

13.1　在课堂教学与课外指导中，高度重视、坚持不懈地培养学生良好的学习习惯。

【操作要点】

成熟的语文教师，加倍重视学生习惯的养成，他们能够在课堂教学与课外指导中，时刻注意观察学生的学习习惯，坚持不懈地培养学生的学习习惯。而学生的良好习惯一旦养成，做到“训练有素”，也会反过来大大提高课堂教学的有效性(例如快速查字典)。成熟的语文教师能够建立系统的教学常规，比如让学生手边放着字典词典，随时查阅；比如在课堂阅读过程中，不断提醒：“有的同学怎么又把笔放下了?”

13.2　指导学生习得自主、合作、探究的学习方式。

【操作要点】

自主、合作、探究的学习方式，是新课程倡导的重要理念，也是学生学会学习的重要表现。成熟教师对此有清醒认识，能够在课内外教学活动中，不遗余力地培养学生习得这三种学习方式。

13.3　熟悉多种学习策略，能够相机进行策略性知识的教学。

【操作要点】

学习策略，包括认知策略与元认知策略，前者如各种简单的或复杂的复述策略、精细加工策略、组织化策略等；后者如自我监控策略、情感与动机策略、时空资源管理策略等。成熟期的教师应熟悉这些学习策略，并将其应用于学生学习指导。

标　准	结果指标
14. 开展多元的学习评价	14.1　灵活选择不同的评价工具和方法，设计表现性评价方案，实现过程性评价和结果性评价的有机结合。 14.2　通过学生自评、生生互评以及师生互评等方式实现评价主体多元化。 14.3　能够选择和编制不同难度的题目、设计不同的作业方式。能够独立编制单元考试、期末考试的试题，进行试卷分析。 14.4　能够有效利用评价结果，根据评价结果对学生进行个别辅导或分层辅导，调整教学进度和教学策略。

14.1　灵活选择不同的评价工具和方法，实现过程性评价和结果性评价的有机结合。

【操作要点】

成熟的教师，能够设计多样化的评价方案，特别是表现性评价方案。常用的评价工具主要有：

1. 试卷。主要用于阶段性的结果性评价。指标 13.3 对此有专门要求。

2. 量规和评价表。量规是一种量化的评分表，一般采用二维表格形式，把评价的具体项目和分值呈现出来，量规可以使评价的结果比较准确、客观，操作起来也很便捷，而且能对学习者起到目标定向的作用。它的使用非常广泛，如大规模考试中的作文评分标准和细则，就是一种典型的量规。

区别于量规的分值形式，评价表是用主观性的问题构成评价内容。比如对同学的发言或演讲进行评价。评价表上可以有这样一些问题：你认为他讲话的内容怎么样？哪些东西对你很有启发？他的讲话让你联想起什么？你认为他的语言表达能力如何？……

此外，学习履历表、竞赛表也都是一种过程性评价的方式。学习履历表和竞赛表，都需要详细设计评价内容的项目(如课堂发言的积极性、代表小组汇报研究成果的次数和表现、日常听写和大小测验的成绩、诗文背诵的数量等)，作为记录和评价学生学科学习状况的依据。竞赛表可以在教室的墙上贴一张大表(网络普及的学校，也可以把竞赛表发布在校园网站上)，详细罗列学生在学科学习各个方面、各种检测、历次活动中的表现和成绩，如果以小组竞赛的形式出现，更可以激发学生的团队荣誉感和力争上游的决心。评价表也可以人手一份的形式出现：每个学生保存和填写个人的学习履历。

3. 档案袋。档案袋评价，是当前非常流行、也非常有效的一种过程性评价：为每位学生建立学业档案袋，其中包括学习过程中的各种原始记录，日常学习和历次活动中的表现(态度和成绩)，以及各种形式的作业和作品(如读书笔记、研究报告，发言录音，朗诵、演讲、戏剧表演中的录像光盘)，还包括老师、同学、家长等各方面的评语等。档案袋，可以全面反映学生的学习过程和点滴进步，能督促学生养成在日常学习中一丝不苟的态度，以及积极参与各种活动的热情。

4. 概念图。把阅读材料中的重要概念和关系，以树状或网状图表表示出来，这就是国外流行的概念图，它的类似形式是提纲、表格。制作概念图，可以作为对学生理解能力的一种评价。

5. 学习契约。也叫学习合同，适用于差异性教学与个别化指导。学生与老师或同伴制订学习契约，注明学习的具体目标、内容、方法、过程、时间安排等内容，相当于一份项目“实施方案”。学习过程中、结束时，都可以时时对照契约或合同来监测和评价。这有利于加强学生的自主学习意识和自我责任感。

14.2　通过学生自评、生生互评以及师生互评等方式实现评价主体多元化。

【操作要点】

成熟教师在设计评价方案时，不仅具有新手教师的“引导学生自评”的意识，而且能够更好地实现评价主体的多元化，将教师的评价、学生的自我评价及学生之间的评价相结合，加强学生的自我评价和相互评价，促进学生主动学习，自我反思。①

① 中华人民共和国教育部：《义务教育语文课程标准(2011年版)》，第27页，北京，北京师范大学出版社，2012。

【举例说明】 “童话小作家”评价方案①

任务	标准	满分	得分		
			自评	小组评	教师评
童话主题表	1. 至少分析了 10 篇童话。 2. 正确确定了所有主题。	5			
故事图	1. 完成所有故事要素。 2. 至少确定三个主题。	5			
写作	1. 遵照故事图的结构。 2. 至少包括主题表的三个要素。 3. 所有语句语法正确。 4. 无错别字。 5. 标点符号正确。	15			
小组活动	1. 与同学合作。 2. 积极帮助其他同学。	5			
总分		30			

14.3 能够选择和编制不同难度的题目，设计不同的作业方式。能够独立编制单元考试、期末考试的试题，进行科学的试卷分析。

【操作要点】

做练习，是一种常用而有效的评价方式(作为诊断性评价或形成性评价)。《语文课程标准(2011 年版)》要求我们“少做题，多读书”，但适当的做题还是免不了的。练习之所以遭人诟病，是因为有些老师布置给学生的习题，是不假思索、缺少甄别地照搬教辅材料(如《单元检测》)上现成的题目，甚至就用往年的试卷。这些练习的质量良莠不齐，质量差的练习徒然耗费学生的时间和脑力，败坏他们的学习兴趣。教风严谨的老师，会把备课的相当精力放在练习题的选择和创造上；完整的教案，应该包括对练习

① 闫寒冰：《学习过程设计——信息技术与课程整合的视角》，第 180 页，北京，教育科学出版社，2005。略有改动。

题的设计。

成熟的教师，还应能够独立编制单元考试、期末考试的试题，并掌握一定的试卷分析技术。他们能够理解教育测量学中基本术语的含义和分析方法，比如信度、效度、区分度，能够编制试题的知识、能力双向细目表。

14.4 能够有效利用评价结果，根据评价结果对学生进行个别辅导或分层辅导，调整教学进度和教学策略。

【操作要点】

成熟的教师，不仅善于设计评价方案、展开多元评价，更要积极利用评价结果，发现和分析学生的问题，对困难学生进行个别辅导或分层辅导，为优秀学生提供具有挑战性的学习任务。调整教学进度和教学策略，以此实现评价的发展性功能。

标准	结果指标
15. 促进有效的课堂管理	15.1 能够妥善处理各种突发事件和师生冲突，克服沟通障碍。

15.1 能够妥善处理各种突发事件和师生冲突，克服沟通障碍。

【操作要点】

课堂是一个社会，课堂管理，就是通过师生、生生之间的有效沟通，营造一个有规则、有秩序也能够民主包容、共同发展的和谐社会。有效的课堂管理，不仅可以保证教学活动的顺利进行，而且对学生的社会化发展有重要意义。

教育社会学的专家，对课堂冲突的类型做过深入的研究。比如，吴康宁教授将课堂冲突划分为摩擦、失衡、对抗三级；郭华教授则做出了更为细致的分类①：

① 郭华：《课堂沟通论》，第 106 页，北京，北京师范大学出版社，2006。

依　据	类　型
冲突的表现形式	隐蔽的/公开的师生冲突
冲突的剧烈程度	协商性/对抗性的师生冲突
冲突的目的	手段性/目的性的师生冲突
冲突的主体	教师与学生个体间/教师与学生群体间的师生冲突
冲突的影响	积极的/消极的师生冲突

课堂上的沟通障碍和师生冲突，时常难免。成熟的教师并不畏惧冲突、躲避矛盾，而是积极地分析原因，以冷静理智的心态尽快化解障碍和冲突。

【举例说明】　　当学生在课堂上“搬运”教学参考书①

钱梦龙老师在执教《论雷峰塔的倒掉》时，一次，有位同学提问：“鲁迅那么详细地叙述吃螃蟹，有什么必要吗?”钱老师按惯例请同学们发表意见。这时，后排有个男生把手举得高高的，站起来回答：“文章用蟹和尚的丑态讽刺了倒行逆施的法海的可悲下场……”简直是胸有成竹、出口成章。钱老师走到这位同学课桌前的时候，他慌乱地抬起头来，看着老师一言不发。钱老师发现他桌上有一本摊开的“教学参考书”!

于是，钱老师拍拍这位同学的肩膀说：“我建议同学们都向他学习。”——这位学生以为老师是故意讽刺，脸涨得通红。钱老师接着说：“他能主动找一些参考书来看，说明他有很强的求知欲，这是很值得大家学习的。不过，现在请这位同学暂时不要把参考书上的结论说出来，先听大家说说看，最后再请他根据参考书的意见，评一评大家说的对不对、好不好。”

这位同学渐渐放松了紧张的情绪，终于满意地坐了下来，一边听同学发言，一边等待行使“裁判”的权利。

接下来，同学们各抒己见，从不同角度说出了各自的见解。最后，那位“裁判”发表了这样的评论：参考书上说到的，同学们基本上也说到了；有些同学说的，参考书上还没有呢。此时，同学们都因为自己“达到了参考书的水平”而很兴奋。钱老师趁热打铁，让学生谈谈这个学习环节的感受。

“应该像他那样到课外找些参考书看看。”

---

① 钱梦龙：《导读的艺术》，第61～63页，北京，人民教育出版社，2000。

“不过在看之前，最好自己先动动脑筋，也许我们想的比参考书还强些。”这是那位“裁判”最后的结论。

案例分析：

学生在学习过程中不经过自己的独立思考，直接“搬运”教参上的结论，是许多语文教师深恶痛绝的现象，可以说这违反了语文学习的“规则”，很容易产生师生冲突。钱梦龙老师在反思上述教学事件时说：不妨设想另一种处理方式。

当我发现那位同学在读书的时候，立即予以制止，并指出以读参考书来代替自己的思考是错误的。顺便还可以宣布一条“纪律”：“‘教学参考书’是老师教学用书，同学们以后不许看！”(一旦学生都知道老师在讲台上滔滔讲授的知识，原来都来自教学参考书，老师还怎么建立“威信”！——这当然是不言自明的)

这样处理的结果，必然是：那位受批评的同学羞愧万分地(不一定心服口服，因为“老师可以照搬参考书，我为什么不能?”)坐下去，从此低头不语；其余同学除了被告知“不能看教学参考书”以外，还会得到些什么呢?

怎么处理教学中这类偶然发生的事，不少同志说要凭“教学机智”，凭老师随机应变的能力。这话当然不错。但教学机智不是随心所欲地“灵机一动”，随机应变还得讲一个“万变不离其宗”——这“宗”，就是尊重学生作为“人”的尊严，小心翼翼地保护学生的主动精神，在这样的前提下，去寻求一个化“消极因素”为“积极因素”的正确方案。

标　准	结果指标
16. 渗透思想品德教育与生活技能教育	16.1　深入领会生活技能教育的知识和方法。 16.2　初步掌握渗透生活技能教育的方法。

16.1　能够深入领会生活技能教育的知识和方法。

【操作要点】

开展生活技能教育要以提高学生的社会心理能力，掌握处理问题的特殊技巧，增强学生的自我意识，预防学生的问题行为为目标。为此，教师要基于学科特点以及学生的身体、心理和社会适应方面的特征，以学生为主体，采取多样、有效的方式渗透生活技能教育。

16.2 初步掌握渗透生活技能教育的方法。

【操作要点】

(1)学科教学方式渗透，是指在学科教学活动中，以学科课程为载体，通过听讲、阅读、讨论、参与、体验、训练、实验等，渗透生活技能教育的方式。

(2)专题教育方式渗透，是指以中小学开设的毒品教育、可持续发展教育、安全教育等专题教育内容为依托，渗透基本生活技能教育的方式。

(3)班会、团队活动方式渗透，是指以班会、少先队和团员活动为载体，渗透生活技能教育，培养学生正确认识自己和他人，发展良好人际关系的方式。

(4)竞赛方式渗透，是指通过各种竞赛活动，如学科知识竞赛、主题探究活动竞赛、创意活动竞赛、演讲活动竞赛、运动项目竞赛等，促进学生生活技能发展的方式。

(5)社会实践方式渗透，是指通过利用社会资源和组织学生参加校外社会实践活动，培养学生生活技能的方式，如参观博物馆、名胜古迹和公园；参观打工子弟学校、敬老院等场所；参加冬令营、夏令营等活动。

(6)国际交流方式渗透，是指通过跨国、跨境的校际交流、学生社团交流、学生访学交流等形式，促进学生生活技能发展的方式。

标　准	结果指标
17. 实施积极的安全教育与健康教育	17.1　关心学生的身体健康，鼓励学生积极锻炼身体。 17.2　掌握有关学生心理健康的知识和方法，关注学生心理健康。 17.3　对学生的人身安全、网络信息安全、用电设备安全富有责任感，遇有突发事件时救助学生。

17.1 关心学生的身体健康，鼓励学生积极锻炼身体。

【操作要点】

健康的体魄是学生全面发展的基础，让每个学生拥有健康的身体也是教育公平的内涵之一。鼓励学生积极锻炼身体有多种方式，比如：

(1)通过生动、具体的案例引导学生了解身体健康的重要意义。

(2)设置合理的学校体育课程，给予学生足够的锻炼时间。

(3)培养学生良好的学习习惯，帮助学生处理好学习与锻炼的关系。

(4)要向学生强调身体成长的规律与文化知识的掌握是不一样的，不能牺牲学生的健康来换取高分数。

17.2　掌握有关学生心理健康的知识和方法，关注学生心理健康。

【操作要点】

关注学生的心理健康，教师可以参照以下几点：

(1)深刻理解心理健康对于学生成长的意义。

(2)真正关心学生的心理健康。

(3)采取有效措施鼓励学生关注和改进自身心理健康状况。

(4)能够经常与学生谈心、交流，促进学生心理健康。

17.3　对学生的人身安全、网络信息安全、用电设备安全负有责任感，遇有突发事件时救助学生。

【操作要点】

在法律层面上，学校、幼儿园、托儿所和公共场所发生突发事件时，教师应当优先救护学生。在道德层面上，教师对学生的安全更应负有责任感，关爱学生生命安全，遇到突发事件时能够勇于救助学生。

领域四　教育教学研究与专业发展

标　准	结果指标
18. 教育教学反思与行动研究	18.1　变经验性教学为反思性教学，提升教学实践的合理性。 18.2　尝试使用观察法、调查法、文献法、案例法、叙事研究和经验总结法。 18.3　了解研究成果的表现方法。

18.1　变经验性教学为反思性教学，提升教学实践的合理性。

【操作要点】

(1)借助教学反思和行动研究不断探究与解决教学过程中遇到的问题，把自己“学会教学”与学生“学会学习”整合起来，提升教学实践的合理性。

(2)变经验性教学为以教学反思为中心环节的反思性教学，加快向成熟教师过渡。

18.2 尝试使用观察法、调查法、文献法、案例法、叙事研究和经验总结法。

【举例说明】 文献法

文献法是通过查找记录在一定的物质载体上的知识信息，并对这些信息进行分析、比较、综合，全面、系统地了解相关问题的方法。

1. 文献资料的查找过程

(1) 确定查找范围

文献的查找要有目的性，即围绕研究问题确定文献查找的范围。不仅要注意与研究问题直接有关的文献，还要考虑其他相关方面的文献。

(2) 选择检索工具

查找文献资料要选择合适的检索性工具书。主要包括书目、期刊目录、索引、文摘等。同时，随着信息技术的发展，网络已经成为了人们查找资料的主要工具。

(3)运用恰当的方法

查找资料的方法很多，教师要根据需要选择适当的查找文献的方法。教师常用的文献查找的方法有：

逆查法，即按照由近及远的顺序查找有关文献。这种方法多用于新文献的收集和新课题的研究，是了解新信息最常用的方法。

引文查找法，即以现有的与研究课题有关的文献资料为依据，以其中引用和附录的文献为线索来查找所需文献的方法。这种方法比较实用，可以比较集中迅速地查找到有关文献，有助于收集相关领域中重要、丰富的原始资料。

2. 文献资料的阅读

(1)制订阅读计划

查找到所需的文献资料后，要根据自己的实际情况制订阅读计划，使文献资料的阅读有的放矢。

(2)选择阅读方法

根据文献资料与研究课题的关系，恰当选择阅读的方式，阅读可分为翻阅、粗读和精读三种方式。

3. 文献资料的综合

使用文献法最终的目的是对相关问题形成自己的认识。因此在阅读文献资料的基础上，教师要对阅读过的文献材料进行分析比较，找出相关问题都有过哪些方面的研究，怎么研究的，研究中尚存在哪些不足，哪些观点给了自己新的启示……在综合各种观点的基础上形成自己的理解和认识。这是文献法最终的目的。

下面介绍查找文献资料常用的教育研究期刊和网站。我国部分主要的教育研究期刊：

《教育研究》，中国教育科学研究院主办；

《人民教育》，中华人民共和国教育部主办；

《课程·教材·教法》，人民教育出版社主办；

《北京教育研究》，北京市教育学会主办；

《中小学管理》，北京教育学院主办；

《现代中小学教育》，东北师范大学主办；

《教育理论与实践》，山西省教育科学研究所、山西省教育学会主办；

《比较教育研究》，北京师范大学主办；《外国教育研究》，华北师范大学主办；

《报刊复印资料》，中国人民大学书报资料中心主办。

我国部分常用的信息检索咨询服务中心网址：

最大的中文搜索引擎 http：//www. baidu. com;

中国知网 http：//www. cnki. net

学术搜索 http：//scholar. google. com

中国国家图书馆 http：//www. nlc. gov. en[①]

18.3　了解研究成果的表现方法。

【操作要点】

研究成果可以表现为教学案例、科研论文、教材、课件、理论专著等多种形式。科研论文包括学术论文、行动研究报告、调查报告、实验报告等。

---

① 王云峰、马长燕：《语文教学基础》，第 125～127 页，北京，教育科学出版社，2007。

比如，调查报告的撰写程序如下：(1)问题的提出(目的意义)；(2)方法步骤：调查对象→调查时间→调查方法→调查内容→调查步骤；(3)结果与分析(现状特征、归因分析、受到启迪)；(4)讨论与建议。

【举例说明】 如何撰写教学案例①

教学案例不同于教学设计，也不等同于简单的教学实录。它的基本特征是：教学案例是教学过程中发生的一个个具体的教学事件或教学片段。它不是一个抽象的教学例证，也不是对教学现象进行抽象的叙述。它是由一个具体的教学事件或教学片段，也可以是围绕同一个主题的多个教学事件或教学片段组合而成的。例如，因来自外界干扰或由于学生内部认识动因，诱发课堂教学中的一个事件或一个个教学片段，连同处理这些事件或教学现象的方式方法、教师自己的所思所想、得出的认识结论等，就构成了一个个教学案例。

案例撰写的基本要求：

1. 主题要明确集中。教学案例中具体描述后的论述，要集中到一个主题上，做到一事一议，或多事一议。也就是一份教学案例，不要涉及两个以上的主题。因此，在构思结构时，就要紧紧围绕一个主题取舍材料。材料要以主题为中心，在主题的统领之下。

2. 要突出案例中的问题、矛盾冲突。即要详细阐述解决问题的过程及所运用的策略。

3. 教学实践过程或教学片段情境要相对完整，即教学案例要反映教学实践的全过程，展现教学片段由开始到结束的情境。有的教学案例，其内容与分析往往不只局限于某一节课，因此要求实践过程或片段情境相对完整就更显得重要了。

4. 要反映出教学事件或教学片段发生的背景。即要把教学事件或教学片段放到一定的教学背景中去描述、分析和讨论，以便让他人知其然，且知其所以然。

5. 教学实践部分描述、记录要详尽。既要写清解决问题所采用的方法与对策，又要展现解决问题的全过程，要让阅读者详知教学事件、教学片

---

① 王云峰、马长燕：《语文教学基础》，第300～304页，北京，教育科学出版社，2007。

段的背景以及解决问题的过程。

6. 要能揭示教学过程的复杂性。即教学过程要反映师生之间内在的心理、认识过程。教学过程是一种动态的、发展的、事先无法全部预知结果的过程。这个过程，是教师与学生、学生与教师、学生与学生之间的心理、认识交互的过程。还复杂以复杂，揭示教学过程的复杂性、认识的多元性，这样的教学案例才能给人带来深刻的启示，让他人知道教学过程的演变、解决问题的过程。

7. 结果要用事实说话。即结果要用白描的手法，实事求是地交代清楚。这样的教学案例才具有说服力。

8. 认识要深刻。要将自己的原始想法与实践后的认识结合起来，进而深化主题。这样的教学案例才有内容，才有借鉴价值。

以上是案例撰写的基本要求，希望能够给一线教师一些启示。对现象背后的问题进行开发和研究，并用教师们最为亲切和熟悉的案例呈现研究，对教师个人而言，可以提升其教育智慧，更新教育理念，对教师群体而言，可以唤起更多教师的共鸣和共识，促进教师群体的成长。

标　准	结果指标
19. 团结协作与经验分享	19.1　能够把个人发展目标与学校发展目标相结合。 19.2　善于发现和学习他人的优点；主动提供自己的经验；通过合作解决教育教学中的问题。

19.1　能够把个人发展目标与学校发展目标相结合。

【操作要点】

(1)对学校具体工作目标、制度与实现本校办学愿景之间的关系有足够的认识。

(2)在工作中带领本组教师，结合本职工作，分解本组能够为实现本校愿景所作的贡献，制订相应的行动计划并实施。

(3)根据本校办学愿景适当调整自己的知识与能力结构。

19.2 善于发现和学习他人的优点；主动提供自己的经验；通过合作解决教育教学中的问题。

【举例说明】 合作的艺术①

教师合作学习中，如何更好地学习和吸纳他人的意见与见解，是很重要的。处理不好这方面的问题，合作学习也难取得好的成效。因此，教师要学会合作学习的方法，掌握合作学习的艺术。

作为教师个人应先暂停个人的主观想法，如果一味为自己的意见辩护，就很难听进对方的意见。彼得·圣吉把此称为"'悬挂'假设"。悬挂假设，就是暂时把自己的观点放在一边，不急于为自己的观点辩护，而是认真听取他人的见解。《论语》中赞扬孔子做到了四种态度"毋意、毋必、毋固、毋我"。这"四毋"恐怕就是"'悬挂'假设"的精神吧！南怀瑾曾解说这"四毋"：第一是"毋意"，这是说孔子做人处世，没有自己主观的见解，本来想这样做，如果旁人有更好的意见，他就接受了，并不坚持自己原先的意见。第二是"毋必"，他并不要求一件事必然要做到怎样的结果。这一点也是人生哲学的修养，天下事没有一个是"必然"的，所谓我希望要做到怎样怎样，而事实往往未必。天下事随时随地，每一分钟、每一秒钟都在变，我们要求一个不变的、固定的是不可能的。孔子深通这个道理，所以他"毋必"，就是他能适变、能应变。第三是"毋固"，不固执自己的成见。第四是"毋我"，专替人着想，专为事着想。

教师在合作学习中，要善于彼此倾听对方的想法。善于倾听他人意见，除了要有"四毋"，要"'悬挂'假设"外，还要善于深入思考各自论述中隐含的假设以及判断假设是否合理与正确。这些假设往往隐藏在表面的言语之后，需要深入的自问与探寻。

---

① 王云峰、马长燕：《语文教学基础》，第314～315页，北京，教育科学出版社，2007。

标　准	结果指标
20. 终身学习与持续发展	20.1　保持学习和反思的习惯。 20.2　对发现的教学问题进行探索和研究。 20.3　积极参加校本研修活动及各级各类教师培训，制定中长期专业发展规划，建立开放的、动态发展的知识与能力结构。

20.1　保持学习和反思的习惯。

【操作要点】

(1)时常翻阅教学期刊、浏览专业网站，了解学科教研的国内外动态，对自己的知识进行动态管理和优化，具有开放性特点。

(2)保持学习和反思的习惯，在反思性教学诊断中学习和进一步把握教学反思评价方法和教学行动研究方法。

20.2　对发现的教学问题进行探索和研究。

【操作要点】

(1)明确与聚焦问题。

(2)分解问题，分解到自己“有感觉”的程度，中小学教师最宝贵的财富是实践经验与体会，要扬长避短，避免研究大而空的问题。

(3)交流，思想碰撞——综合、分析——进一步研究。

20.3　积极参加校本研修活动及各级各类教师培训，制定中长期专业发展规划，建立开放的、动态发展的知识与能力结构。

【操作要点】

(1)制定三至五年或终身的专业发展规划，以成熟教师或卓越教师的标准分析本人的优点、劣势和最近发展区，明确今后三至五年在职业道德、专业水平、教科研成果、任务驱动责任和辐射作用等方面的发展目标，并制定自我检测和评价的指标体系、检评方式和间隔时间。

(2)注意在日常教学实践中提升自己的专业素养，不断地建构开放的动态发展的知识与能力结构。

建立开放性的知识结构，是指掌握具有自我更新价值的、能够为进一步学习铺设道路的、在学科发展中具有认识飞跃地位的那些主干知识和自学方法，能够利用各种信息、资料学习与补充新知识，并能够把吸收的新知识纳入原有的知识结构，以改善原结构，增加其吸收新知识的能力。

建立动态发展的知识结构，是指具有准确察觉与判断教育功能对教师知识结构变化的新要求的能力，能够主动、恰当、及时地提出知识结构调整的方向和限度。

(3)熟悉舒尔曼提出的“教师专业知识分析框架”，包括以下七种知识：

①学科知识；②一般教学知识；③课程知识；④关于教学内容的知识(pedagogical content knowledge，简称 PCK，即学科教学知识)；⑤学习者及其特点的知识；⑥教育情境知识；⑦关于教育的目标、目的和价值以及它们的哲学和历史背景的知识。

三、从成熟到卓越

维度一　专业基础

领域一　健全人格与职业道德

标　准	结果指标
1. 爱岗敬业，履职尽责	1.1　挚爱教育事业，全身心致力于学生的学习和发展，具有高度的责任感和奉献精神。 1.2　有强烈的事业心和教育理想与抱负。

1.1　挚爱教育事业，全身心致力于学生的学习和发展，具有高度的责任感和奉献精神。

【内容要点】

(1)以强烈的责任感为基础，在教书育人的过程中付出感情、时间、精力乃至全部心血。

(2)在传授知识的同时，更加重视培养学生的行为习惯、教授做人的道理。

1.2　有强烈的事业心和教育理想与抱负。

【内容要点】

卓越教师能够把本职工作当成一项事业来热爱和完成，他的工作动力不仅出于对学生的爱、对所教学科的爱，更是出于强烈的社会责任感，把教育当成国家、民族、人类的千秋基业来从事，有着崇高的教育理想以及为教育事业做出创造性贡献的抱负。

标　准	结果指标
2. 关爱学生，教书育人	2.1　热爱并关注每一位学生，平等公正地对待每一位学生。 2.2　培养学生的健全人格，引导学生树立正确的人生观和价值观，能以行为诠释价值，成为学生健康成长的导师。 2.3　着眼于学生的素质提升、潜能发挥与可持续发展。

2.1 热爱并关注每一位学生，平等公正地对待每一位学生。

【内容要点】

无差别地热爱每一个学生，是成熟到卓越阶段的教师需要认真体悟的问题。教师热爱并关注每一个孩子，要把注意力多指向那些学习成绩不佳、行为习惯较差的学生，让他们感受到来自老师的深切关爱。教师要做到：

(1)不以自己的好恶来判断学生。

(2)不以世俗的观点来评价学生。

(3)不以学生的错误来迁就学生。

2.2 培养学生的健全人格，引导学生树立正确的人生观和价值观，能以行为诠释价值，成为学生健康成长的导师。

【内容要点】

卓越阶段的教师在言传身教中培养学生的健全人格，使学生具有：

(1)客观的自我认识和积极的自我态度。能够全面的、丰富的认识自我，既不夸大也不缩小自己的长处和短处，能够经常意识到自己在做什么，感受到什么，并知道行为、体验缘何而起。

(2)客观的社会知觉和建立适宜的人际关系的能力。逐步形成从别人的言语、行为中体察别人的思想、愿望和感受，根据事实了解别人对自己的看法和态度的习惯，建立适宜的人际关系。

(3)生活的热情和有效解决问题的能力。热爱生活，喜欢学习；具有与自己年龄相适应的生活能力。

(4)协调的个性结构。具有统一的人生观和世界观，动态平衡需要、兴趣、动机与理想、信念和世界观之间的关系，协调认识、情感和行为的关系。

2.3 着眼于学生的素质提升、潜能发挥与可持续发展。

【内容要点】

“育人为本、德育为先、能力为重、全面发展”是素质教育的内涵和核心。走向卓越的教师，能够自觉践行上述理念，实施素质教育，促进学生可持续发展，具体含义是：

(1)育人为本，即明确培养什么人、怎样培养人的问题。

(2)德育为先，即加强学生思想政治和道德品质教育。

(3)能力为重，提高学生的学习能力、实践能力、创新能力，培养出适应我国当前和未来经济发展所需要的新时代人才。

(4)全面发展，加强和改进德育、智育、体育、美育，坚持文化知识学习与思想品德修养的统一、理论学习与社会实践的统一、全面发展与个性发展的统一。

标 准	结果指标
3. 为人师表，严谨治学	3.1 遵纪守法，作风正派，公正廉洁，以身作则。 3.2 具有对教育问题的宏观把握和批判性思维，问题意识与创新意识强，努力探索教育教学规律。

3.1 遵纪守法，作风正派，公正廉洁，以身作则。

【内容要点】

自身修养达到较高境界，为人处世能够“从心所欲又不逾矩”；人格魅力得以凸显，并具有较强的感染力，不论对学生、学校同仁、甚至社会都具有无声的榜样示范作用。自我价值与社会理想统一实现。

3.2 具有对教育问题的宏观把握和批判性思维，问题意识与创新意识强，努力探索教育教学规律。

【内容要点】

专业素养达到最高境界，具有很强的教育科研能力和较强的教育科研的领导力，学习研究成为内在的生命需要，成为不可缺失的生活内容。在实践中，能将教育科研工作与教育教学工作有机协调，并已形成独特的、具有示范性的教育教学风格。通过长期的总结反思、探索研究，已提炼出富于个人特色的教育教学思想主张，在特定专业领域已赢得了广泛的认可。具有对教育问题的宏观把握和批判性思维，问题意识与创新意识强，努力探索教育教学规律。

标 准	结果指标
4. 热爱生活，身心健康	4.1 以积极向上、宽容豁达的生活态度，强烈感染学生和周围的人。 4.2 从容面对困难和挫折，善于自我调节。 4.3 具有高雅的生活情趣和审美情趣。

4.1 以积极向上、宽容豁达的生活态度，强烈感染学生和周围的人。

【内容要点】

当事业有成、学有建树时，教师更需要一种宽容豁达的心态，淡泊名利，让自己愉悦地工作和快乐地生活，这是保持健康心态的重要方法；宽容豁达还是一种高尚的品德，是一种深厚的涵养，它是一种善待生活、善待别人的境界，能陶冶人的情操。卓越教师具有的这种性格魅力，能够更好地为学生、为同事做出表率，引导他人乐享生活。

4.2 从容面对困难和挫折，善于自我调节。

【内容要点】

这个发展阶段的教师，除了在要端正对待困难和挫折的态度之外，更重要的是要有自我调节的能力，临危不惧、从容应对，善于寻找各种办法创造性地解决问题，化挫折为动力、变不利为有利。

4.3 具有高雅的生活情趣和审美情趣。

【内容要点】

(1)认识生活情趣的含义，深刻理解高雅的生活情趣对身心调节和工作促进的价值。

(2)全面认识审美情趣的含义，明确审美、护美、创美的区别；理解对自然美、社会美和艺术美的欣赏在公民素质中的地位和价值。

(3)长期坚持至少一种有益身心健康的兴趣爱好，并形成一定的特长。

领域二 学科与教育教学专业知识

标 准	结果指标
5. 关于学科的知识	5.1 中文专业知识系统扎实、积累丰厚；在某些领域术有专攻。 5.2 整体把握语文课程知识体系，能够动态调整知识结构。 5.3 关注语言学、文学研究等方面的前沿成果，将其转化和运用于语文教学，进行语文课程知识的更新与创造。

5.1 中文专业知识系统扎实、积累丰厚；在某些领域术有专攻。

【举例说明】 训诂学在中学文言文教学中的运用①

学习文言文，最重要也最艰巨的任务是积累文言词语；词汇的学习，不能孤立地一个个死记，而是要有一定的训诂知识做指导。训诂学揭示词义引申的规律，可以帮助学生更好地掌握文言词语。例如：

《出师表》中有“五月渡泸，深入不毛”一句，教材注释通常把“不毛”解释为“寸草不生”，爱动脑筋的学生就会疑惑：雨水充沛的南方，又值五月，怎么可能寸草不生？训诂知识告诉我们：“毛”的本意是“庄稼”，“不毛”仅指不长庄稼，却很可能杂草丰茂。

成语“横眉厉目”常被人误作“横眉立目”，但是，眉毛怎样横、眼睛怎样立，实在令人费解、不合逻辑。其实，“横”在古代是“不顺”之意，“横眉厉目”就是皱紧眉头、眼光凌厉；把“横”误解为“横竖”之横，才出现了“立目”之误。

训诂学，除了对具体词语的注解，还涉及词义演变的规律性知识。例如：

实词虚词化，是古汉语词汇演变的重要特点。例如“所”，最初只有实义(处所)，后来才发展出虚义(连接主语和谓语、取消句子独立性、变主谓结构为名词性短语的助词，如“己所不欲”)。了解“实词虚词化”这一规律性知识，就会对汉语词汇的古今变化，有一个方向性的把握。

又如，词义互训，是古代词义引申的重要方式。特别是大量存在有趣的“反训”现象：“予有乱臣十人”中的“乱，治也。”“离骚”中的“离”，不是“离开”而是“遭遇”。如果在学生接触了一定数量的实例后，授之以反训知识，将有利于他们对文言词语的归类掌握，自读文言文遇到生词时，还可以借此推测词义。

训诂学方法，包括“以形索义”(《说文解字》为代表)、“因声求义”(特殊作用：探究名物的来源)、“比较互证”(从词义本身规律中探求词义)。这些方法，契合汉语词义演变的规律，可以帮助学生更有效地理解和掌握文言

① 参见陆宗达、王宁：《训诂与训诂学》，太原，山西教育出版社，1994。

词语。

5.2 整体把握语文课程知识体系，能够动态调整知识结构。

【内容要点】

中小学语文课程的知识体系，可参见“新手到熟练”阶段中“5.2”所列出的六类语文课程知识。把它们列在“新手到熟练”阶段，是想强调：语文教师一入职，就要清醒地认识到语文课程知识的内涵、作用和结构要素。六类知识只是一个初步研究的框架，随着专业发展水平的飞跃，卓越教师对它们的把握会更加系统和深刻；并能根据自身扎实语文学科知识，对其进行动态的调整和丰富，提出个人见解。

5.3 关注语言学、文学研究等方面的前沿成果，将其转化和运用于语文教学，进行语文课程知识的更新与创造。

【内容要点】

当前语文课程知识需要吸纳语言学、文艺学等相关学科的最新成果，进行全面的更新改造。这项艰巨而浩大的工程，不能只靠专业研究者，还要依靠广大优秀的语文教师。

【举例说明 1】 汉字学知识对识字教学的启示

关于形声字的知识，我们历来教学生“形旁表义，声旁表音”。但是汉字学告诉我们，许多声旁同样是表义的，这正是汉字高度表义性的特点所在。

“形旁表义，声旁表音”的说法，始自《说文》。后来北宋的王圣美提出“右文说”：“古之字书皆从右文。凡字，其类在左，其义在右。如木类，其左皆从木。所谓右文者，如戋，小也。水之小者曰浅，金之小者曰钱，歹而小者曰残，贝之小者曰贱。如此之类皆以戋为义。”这就是说，我们通常认为可以表义的形旁(如“木、水、金、贝”)，其实只是非常粗略地说明事物的属类而已，真正表现了事物本质特征的，恰恰是所谓的声旁(戋)。——这种“右文说”引起了训诂学界的高度重视，黄侃等人对之多有肯定。训诂学所谓“因声求义”也由此得到重视和发展。训诂学以释义为目的，从语音切入，正说明了汉字字音和字义的深刻联系。换言之，所谓“表音”的声旁，同样可以“表义”。——过去人们常常认为，汉字是表意文字，这是不全面的；形声字的逐渐发达，说明汉人在造字技术上的相当成熟，声旁的大量存在，说明汉字表音趋向的增强；但是，当人们发现声旁也可以表义，又再一次印证了汉字的表义特性。也正是因为大量义符的存在，所以汉字才具有了“望文生义”的功能：即，不需要语音转换，可以直接从偏旁中看到意义。

“右文说”——声旁表义说，为“字族识字”中字族的设计，提供了重要的理据。

【举例说明 2】 文体知识的更新与改造

阅读教学要把握文体特征。但我们过去熟悉的文体知识，存在过时僵化的弊端。例如“记叙文六要素”，其实，相当多的散文(教材常常把它们归入记叙文)，并不遵循这六要素。即使在高度强调“5W”的新闻写作中，这些要素也不再重要。章熊先生早就指出，“5W”的写法是“二战”时期的产物，是为了照顾战乱中人们无法悠闲阅读，所以要把最重要的东西放在开头，并强调“导语”的独立性。时至今日，新闻写作的实践与理论，早已有了全新面目。没有任何一个记者或编辑，会按照“五要素”或“五部分”的章法来写作。现实生活中，我们随手翻阅大量报刊，就可发现：新闻的写法不拘一格、多姿多彩，它们要比我们语文课上讲授的新闻知识精彩得多、丰富得多。这就要求我们必须对语文课程中原来的新闻读写知识，进行全面刷新。又如，关于“散文特征”“小说特征”的知识，多年来所讲的“形散神不散”“小说三要素”，早已被当代文学界摒弃了，而我们语文课程中的散文知识、小说知识，却还远远不能与时俱进，不能以新的知识帮助学生更好地阅读和鉴赏散文小说。

标　准	结果指标
6. 关于学生的知识	6.1　掌握儿童发展心理的基本内容，在遵循儿童语言与思维发展规律开展教学方面积累了丰富的策略性知识。 6.2　掌握教育心理学的基本内容，较全面地了解不同流派的学习心理学对语文教学各领域的具体影响，并能将语文教育心理学知识灵活而有效地运用于日常语文教学中。

6.1　掌握儿童发展心理的基本内容，在遵循儿童语言与思维发展规律开展教学方面积累了丰富的策略性知识。

【内容要点】

本阶段的小学语文教师应能从儿童心理发展的视角观察、分析并解决小学生成长中的问题。尤其应在语文教学中，能够遵循儿童语言和思维发展的规律，运用丰富的策略实施发展性教学。

本阶段的中学语文教师应了解中学生的身体变化及其对心理发展的影响；理解中学生认知的发展、情绪、人格及社会性的发展，帮助中学生塑造健全的人格。还应从儿童心理发展的视角观察、分析并解决中学生成长中的问题尤其应在语文教学中，能够遵循儿童语言和思维发展的规律，运用丰富的策略实施发展性教学。

【举例说明】 在思绪"绽放"与"飞扬"中轻松落笔①

——利用思维导图指导学生修改读后感

如何才能帮助学生克服写读后感"主题散，感受杂，重点不够突出"的难题呢？

从读后感习作教学问题的反馈可以发现：首先学生难以从书中提取读后感中的这一中心观点；其次学生不易找到支撑这一中心观点的事例或片段；再者，学生在行文过程中，所选择的事例或是片段与中心论点之间缺少联系，出现"自说自话"的现象。几年来，在读后感的习作教学中也想过多种办法试图解决，但收效甚微。

1. 尝试引入思维导图

偶然的机会，阅读了思维导图的相关文献。思维导图是20世纪60年代英国人东尼·博赞(Tony Buzan)创造的一种笔记方法。北京师范大学的赵国庆老师指出，思维导图是为促进激发和整理思维的可视化工具。它将"认知对象同时以图、文形式表达，有效地促进全脑思维，提升思维效率和品质。"

思维导图是基于思维的特点建立的。它是一种"主题聚集的发散思维训练：以一个主题为中心，参与训练者以头脑风暴的方式快速地回忆出相关内容，可以层层深入，但不能跑题，所有细枝末节都要与中心主题有关，既要发散，又要聚焦。"因此，思维导图经常被用以整理、激发思维，从而使得思维绽放、思绪飞扬。

写作的起点是思维，"作文是思维活动。"学生读后感呈现出的"主题散，感受杂，重点不够突出"的问题，归根到底是思维的问题。阅读获得的感受

---

① 案例来源：由北京石油附小周燕提供。

应该是多样的，这是正常的。越是好作家的文字，越能激发作为读者的我们“思维绽放”。但是，当我们要把这诸多的感受化作笔下文字时，必须要对绽放的思维进行筛选、梳理。首先，要从绽放的思维中选择自己感受最深刻的一个观点或感受；然后，围绕这个观点，让“思绪飞扬”。“思绪飞扬”的过程其实就是围绕印象深刻的观点，将书中的相关情节聚合在一起，然后再将作者的观点和自己的生活感受建立联系。

思维导图激发思维、整理思维的特点恰恰契合了读后感写作的需要。我决定尝试利用思维导图来帮助学生整理思维，解决写读后感出现的一系列问题。

2. 基于思维导图的读后感修改教学设计与实施

基于这种考虑，我尝试将思维导图运用在五年级下学期的读后感习作教学中。具体流程如下：

(1)借助读书卡选定中心观点

利用班级读书卡中“阅读推荐”，指导学生将提取关键词写在稿纸背面没有网格的空白面上，即中心观点。

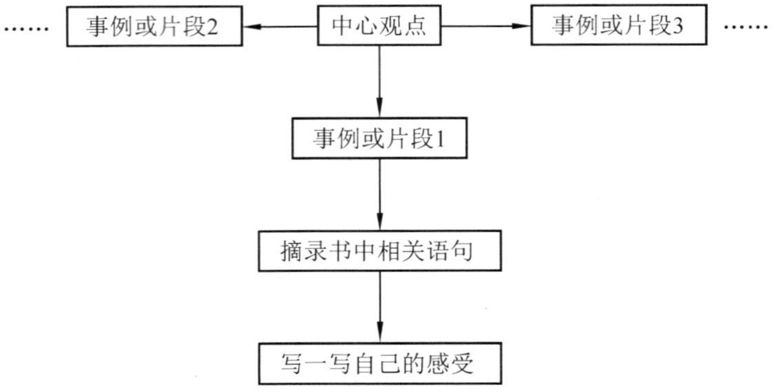

(2)在“绽放”与“飞扬”中建立分支

①由关键词发散开去，回到书中寻找相应的事例或片段加以说明，建立主要分支。②在主要分支之下，寻找表现此分支观点的素材，形成二级

分支。③在二级分支下，思考阅读此事例或片段的感想是什么，试着写下来。

学生思维导图示例：

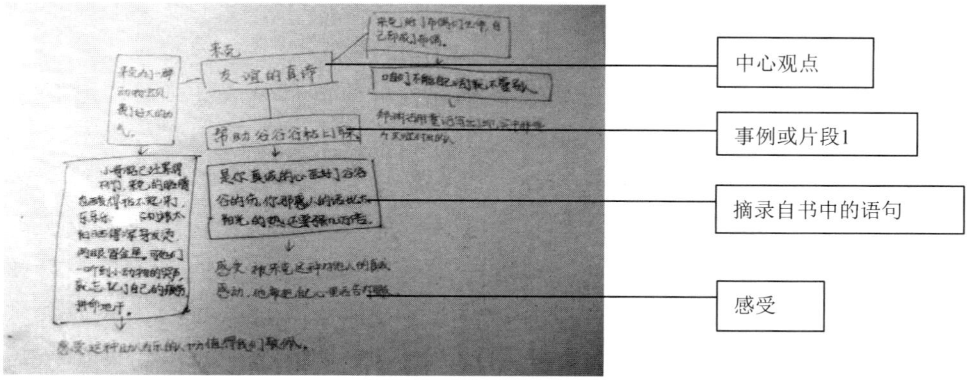

(3)利用思维导图修改读后感

思维导图完成后，学生借助它能够一目了然地发现读后感原稿中存在的问题。根据思维导图的提示，围绕着中心观点，重新回到阅读的书中提取作文需要的信息，有目的地找寻相关的故事或是片段，有针对性地就某一处的故事或是片段具体地表达阅读的感受。

6.2 掌握教育心理学的基本内容，较全面地了解不同流派的学习心理学对语文教学各领域的具体影响，并能将语文教育心理学知识灵活而有效地运用于日常语文教学中。

【内容要点】

处于从成熟到卓越阶段的中小学语文教师除了掌握教育心理学的基本内容外，还应较全面地了解不同流派的学习心理学(如行为主义、认知主义、建构主义、人本主义等)对语文教学各领域(识字写字、阅读、习作、口语交际等)的具体影响，并自觉将识字写字心理、听话说话心理、阅读心理及写作心理等语文教育心理学知识灵活而有效地运用于日常的语文教学中。这里的“灵活而有效”主要指教师深谙语文学与教的心理学基础理论，并能灵活选择相关理论进行教学实验，积累了丰富的策略性知识，取得良好的教学效果。

【举例说明】　　　　《草船借箭》课堂教学片段[①]

……我总结道："正是由于诸葛亮的神机妙算、曹操的生性多疑才使得草船借箭得以成功。"我看到学生点头称是，正准备往下进行时，一个平时就很喜欢军事知识的男生站了起来。我问他怎么了，他说："我和大家的想法不同。"学生们马上投去了惊异的目光。他接着说："我认为诸葛亮让军士把二十条船用绳索连接起来，从大家刚才所说的看，确实可称得上神机妙算，但你们认真想一想这其实不是一个好办法，诸葛亮预测到三天后是顺风顺水，如果曹操此时放的是'火箭'呢，那样火借风势，二十条船的草把子若引着了，后果真是不堪设想啊！""曹操如果有了你这个小军师，一定不会上当的"，我顺势对他进行了表扬。这时，其他同学纷纷举起了小手，有的说："课文中明明写着：这一天江上大雾满天，这雾一定不会像我们太原市的雾一样，那是在江面上，水汽一定很大，估计'火箭'射不到船上也就灭了。"有的说："不对，此时诸葛亮的船队已经靠近曹营，应该不算远。"有一个说："这样看来，如果放'火箭'，那曹操不就自身难保了吗？曹操也非等闲之辈，我们可不能一味地称赞诸葛亮而低估了曹操的能力。"当我听到这个与众不同的声音时，马上感到了一种欣喜，因为他在肯定曹操，学生能够看到人的不同侧面，这不正体现了"思想大于形象"这一道理？这一次不仅仅是由于我的宽容大度，更是由于我对学生的深入理解，对教案的大胆放弃，使得学生一次次地体验到了阅读再创造的乐趣……

案例分析：

《义务教育语文课程标准(2011 年版)》明确提出："阅读是学生的个性化行为"，"要珍视学生独特的感受、体验和理解"。本案例中的教学片断较好地体现了这一理念。教师所践行的其实正是建构主义的阅读教学观。当我们以建构主义的视角去描述和阐释发生在教室里的读写教学过程时，他们试图理解被文化的(cultural)、动机的(motivational)、材料的(material)以及当下(temporal)的条件所塑造的教与学，强调阅读及其阅读教学的社会的、情境的特质。例如，伴随着文学理论关注的焦点由局限在文本中的意义转向读者在文本阐释中扮演的角色，相关的研究也愈来愈关注学生对

---

① 王朱燕：《放飞学生的天性》，见傅国亮：《新课程优秀教学设计与案例(小学语文卷)》，第 251 页，海口，海南出版社，2002。

于文学作品的回应以及学生间的个体差异是如何形成他们各自不同的回应的。近年来，又由于社会文化、建构主义等理论的推动，研究又由对个体回应的关注转向对构成阅读活动的解释性团体(interpretive communities)的关注。由此，在学校的文学阅读教学中，也开始强调学生的社会文化背景对于其解读作品的影响以及在师生、生生的群体互动中建构并协商作品的意义。也就是说，阅读总是体现为一种对话。

标　准	结果指标
7. 关于课程的知识	7.1　深谙语文课程改革的基本理念和课程标准的相关规定，能够认识到语文课程改革在实施中出现的误区与问题，并在教学中积极探索如何解决这些问题，积极推进语文课程改革。 7.2　能够比较研究当前不同版本语文教科书的体系，在教学实践中扬长避短，并积极开发、整合相关课程资源。 7.3　能够较好地把握语文课程设计及课程实施等基本理论知识，并能运用于校本课程的设计与实施中。

7.1　深谙语文课程改革的基本理念和课程标准的相关规定，能够认识到语文课程改革在实施中出现的误区与问题，并在教学中积极探索如何解决这些问题，积极推进语文课程改革。

【内容要点】

语文课程改革的基本理念与国家课程标准的相关规定参见“入职到熟练阶段”指标 7.1 的要点。对处于成熟到卓越发展阶段的中小学语文教师而言，这些基本的内容要点并没有变化，但是学习要求明显提高了。我们积极倡导教师们通读《义务教育语文课程标准(2011 年版)》和《普通高中语文课程标准(实验)》，能够站在“十二年一贯”的高度来审视自己任教学段或年级的语文教学实践。

“深谙”意味着，教师们对语文课程改革的基本理念和国家课程标准的相关规定，不仅要“知其然”，还能“知其所以然”，即知道相关理念的背景及理论依据。语文课程的性质、语文素养的内涵、三维目标的落实、自主合作探究学习方式的实现、综合性学习的理念、评价理念的更新等，都是教师们在把握课程改革理念和课程标准基本内容时必须深入思考的要点。

对于此阶段的中小学语文教师，不仅要用自己的教学实践阐述课程改革的理念及国家课程标准的内容，还应在此基础上进一步反思，对语文课程改革中的若干议题有自己的观点。在过往十年的语文课程改革中，在实践新理念的过程中，难免会出现误区或问题。以阅读教学为例，课堂上存在着以集体讨论代替个体阅读、远离文本过度发挥等现象。本阶段的语文教师应能敏锐地觉察、捕捉这些问题，并在教学实践中积极探索解决这些问题的途径，积累丰富的语文教育教学案例。

基于对课程改革理念的正确把握和丰富的课程改革实践经验，本阶段的中小学语文教师要敢于展望语文课程改革的方向，努力推进语文课程改革。

7.2 能够比较研究当前不同版本语文教科书的体系，在教学实践中扬长避短，并积极开发、整合相关课程资源。

【内容要点】

1986年，全国人大通过了《中华人民共和国义务教育法》。同年，国家颁布了《中国教育改革和发展纲要》，提出了“中小学语文教材要在统一基本要求的前提下实行多样化”的方针。在这些政策的指导、影响下，“一纲多本”的教科书新格局出现了。新世纪课程改革以来，一系列的课标实验教科书相继问世。第一批通过审查的1～6年级语文教科书有北师大版、人教版、苏教版；7～9年级语文教科书有人教版、苏教版、语文版；高中语文教科书有人教版、苏教版、语文版、广东教育版、山东教育版。后续通过审查的教科书更是逐渐增多。

在这样的背景下，处于成熟到卓越发展阶段的中小学语文教师不应该将眼光仅仅局限在自己使用的教科书上，而应该有比较研究的意识。以北京市为例，当前使用的小学语文教科书有三个版本——人教版、北京版、北师大版；初中语文教科书有三个版本——人教版、开明版、苏教版；高中语文教科书有两个版本——人教版和北京版。对语文教师而言，这些不同版本的教科书都是可资利用的课程资源。因此，建议中小学语文教师运用课程组织的理论知识，比较分析某一学段不同版本教科书的内容排布及结构，如以什么为中心组织单元以及如何排布这些单元。有了比较，就能更清晰地看到教科书的优点及不足，便于教学中扬长避短，从而取得更好的教学效果。

积极开发、整合语文课程资源，也是本阶段中小学语文教师专业发展的重要任务。作为母语课程，语文具有丰富的课程资源。语文课程资源包括课堂教学资源和课外学习资源，例如，教科书、相关配套阅读材料、其他图书、报刊、工具书、教学挂图，电影、电视、广播、网络，报告会、演讲会、辩论会、研讨会、戏剧表演、生产劳动与社会实践场所、图书馆、博物馆、纪念馆、展览馆，布告栏、报廊、各种标牌广告，等等。自然风光、文化遗产、风俗民情、方言土语，国内外的重要事件，日常生活的话题等也都可以成为语文课程的资源①。语文教师要有强烈的课程资源意识，了解语文课程资源的理论知识(如语文课程资源的类型、开发和利用课程资源的筛选机制及选择等)，并在教学实践中根据具体情况恰当地引入丰富的课程资源，使语文课堂充满活力。

7.3 能够较好地把握语文课程设计及课程实施等基本理论知识，并能运用于校本课程的设计与实施中。

【内容要点】

系统地学习语文课程理论知识是本阶段中小学语文教师突破专业瓶颈的关键。就现实需要而言，义务教育阶段语文教师设计校本课程，高中语文教师开发选修课程，都需要有相关的课程理论知识做支撑。

这里要求中小学语文教师掌握的课程理论知识主要涉及课程设计与课程实施两个方面。有关语文课程设计的基本理论知识包括语文课程目标的类型及其表述、语文课程内容的选择与确定、如何组织语文课程内容、如何展开语文课程评价等。语文课程实施的理论知识主要包括课程实施的不同取向以及影响课程实施的因素等。

在消化这些理论知识的同时，中小学语文教师应能在实践中运用这些基础理论。义务教育阶段语文教师应该积极参与所在学校的校本课程建设，高中语文教师应该具备独立设计选修课程或校本课程的能力。

---

① 中华人民共和国教育部：《义务教育语文课程标准(2011年版)》，第34页，北京，北京师范大学出版社，2012。

标　准	结 果 指 标
8. 关于教学的知识及学科教学知识	8.1　精通语文教学论知识，勤于了解语文教学的前沿理论，不断更新自己语文教学观念并指导教学实践。 8.2　在语文教学实践中形成和创造学科教学知识，善于积累典型案例。

8.1　精通语文教学论知识，勤于了解有关语文教学的前沿理论，不断更新自己语文教学观念并指导教学实践。

【内容要点】

对于成熟到卓越阶段的中小学语文教师，这里提出的要求是“精通”，即教师们对这些基本的语文教学理论知识能够融会贯通，并用于指导自己的语文教学实践。

语文教学的前沿理论，如语文对话教学理论、语文反思性教学、语文有效教学、全语文(whole language)教学、语文活动教学、体验式阅读教学等。建议中小学语文教师积极关注这些理论，汲取这些前沿理论的最新成果，并结合自己的教学特长展开教学实验。

此外，本阶段的中小学语文教师还应该学习有关语文测试的理论，包括测试类型、命题原则与技术、有效测试的必要条件(信度、效度、区分度)以及测试结果分析等①，了解国际阅读测试，如国际学生评价项目(PISA)、全球学生阅读能力进展研究(PIRLS)的进展。

8.2　在语文教学实践中形成和创造学科教学知识，善于积累典型案例。

【内容要点】

1986年，美国教育心理学家舒尔曼首先提出学科教学知识(PCK)这一概念。格罗斯曼以美国中学英语教学为研究对象，进一步细化了PCK的概念。她对PCK的界定包括如下内容：①教授某一年级的某一学科的目的(如为什么要教英语？英语教学的目的应该是什么？等)；②学生对学科的理解、概念以及错误概念(如学生学习英语的已有经验、能力怎么样？学生

① 张中原、徐林祥：《语文课程与教学论新编》，第238～245页，南京，江苏教育出版社，2007。

学英语的困难和可能存在的错误概念是什么？学生如何写作、如何理解文学？等）；③课程知识，包括教科书、学科知识的水平、垂直结构（如英语应该教什么？这些内容应该如何组织？等）；④教授某项内容的教学策略及教学表述。

朱晓民在《语文教师知识发展研究》中提出：语文教学知识是语文学科领域的学科教学知识，是语文教师关于"如何教"的知识，其核心内容是语文教师就特定教学内容向特定学生有效呈现和阐释的知识。语文教学知识在结构上表现出多层复合的特征，处在不同层面的知识具有不同的功能。具体来说，它包括三个层次：语文课程与教材的知识、语文教学的方法知识、语文教学的表征知识。[①]

近年来，有关语文教师 PCK 的研究逐渐增多。建议本阶段的中小学语文教师以 PCK 的理论框架审视自己的教学，在教学实践中创造语文 PCK 知识，并积累典型案例。

标　准	结果指标
9. 科学与人文素养	9.1　深刻理解科学素养与人文素养的内涵，关注当代科学技术与人文研究的重大成果。 9.2　有计划地系统阅读语文专业之外的书籍。 9.3　热爱本土文化，积极了解异域文化。具有传承中华优秀文化的强烈的责任感和具体行动，具有增进国际理解与多元文化交流的能力。

9.1　深刻理解科学素养与人文素养的内涵，关注当代科学技术与人文研究的重大成果。

【内容要点】

走向卓越的语文教师，视野更加开阔，积极关注当代科学技术发展与人文研究的重大成果。比如，知道 21 世纪自然科学的三大应用领域：材料、能源、信息；了解基因技术、纳米技术、物联网等技术对人类生活的革命性改变与迅猛发展的态势。

---

① 朱晓民：《语文教师教学知识发展研究》，第 9 页，北京，教育科学出版社，2010。

9.2　有计划地系统阅读语文专业之外的书籍。

【内容要点】

走向卓越的语文教师，对科学人文类书籍的阅读，更有计划性、系统性；随着相关素养的提高，所读课外书的专业性会更强，阅读速度也会更快，因此应能保证至少每周读一本。阅读书目请参考“熟练到成熟教师”发展阶段指标 9.2 的推荐。

9.3　热爱本土文化，积极了解异域文化。具有传承中华优秀文化的强烈的责任感和具体行动，具有增进国际理解与多元文化交流的能力。

【内容要点】

成熟到卓越的语文教师，对文化的理解和学习更为深入，不仅熟知东西方文化的基本特征，而且了解文化的多种类型，对当代中国与世界的文化格局有清醒把握，关注文化研究的动态。

这时期的语文教师，还应特别关注“全球化”理论，深入了解和分析“世界经济一体化”“贫富差距加大”“全球环境恶化与能源危机”“局部战争频现”“文化冲突加剧”等问题。在“全球化”乃至“西化”的时代背景中，坚定“传承中华优秀文化”的立场和信念，为中华文化的发展续绝求新；同时保持开放的胸襟，能够进行国际理解教育，避免学生陷入狭隘民族主义的误区。

国际理解教育(Education for International Understanding)是指世界各国在国际社会组织的倡导下，以“国际理解”为教育理念而开展的教育活动。其目的是：(1)增进不同文化背景、不同种族、不同宗教信仰和不同区域、国家、地区的人们之间相互了解和相互宽容；(2)加强他们之间相互合作，以便共同认识和处理全球社会存在的重大共同问题；(3)促使每个人都能够通过对世界的进一步认识来了解自己和了解他人，将事实上的相互依赖变成为有意识的团结互助。

需要指出的是，作为综合性课程的“国际理解教育”，并非“政治”教师的专利，优秀的语文教师也有责任和能力担此任务；作为非独立课程的“国际理解教育”，更应渗透在所有的学科教学中。

维度二 专业实践

领域三 促进学生的学习与发展

标准	结果指标
10. 创设良好的学校环境	10.1 用心营造教室文化，与学生共同设计富有班级个性的物理环境，共同创建民主、包容又富有挑战性的人文环境。

10.1 用心营造教室文化，与学生共同设计富有班级个性的物理环境，共同创建民主、包容又富有挑战性的人文环境。

【操作要点】

卓越的教师，能够把教室的环境创设上升到文化的高度，能够调动学生共同设计富有班级个性的物理环境，共同创建民主、包容又富有挑战性的人文环境。

标准	结果指标
11. 设计合理的教学方案	11.1 能够进行教学设计背后的学理分析，深刻理解语文学科的本质和思想方法。 11.2 具有“大语文观”，从学生语文素养发展的高度，沟通课内外学习，开发课程资源，系统规划语文教学活动。 11.3 深刻理解、善于挖掘各种教学内容在学生发展中的教育价值。能够把语文知识、他人的言语经验(文本)和学生的生活经验有机结合，实现杜威倡导的“知识与经验”的统一。 11.4 熟练运用汉字学、词汇学的理论知识，进行识字教学与词语教学的设计，如小学的字理识字，中学的文言训诂。 11.5 阅读教学，能够根据不同的阅读目的和材料特点，系统传授不同的阅读方法；能够突破篇章教学的单调格局，指导非连续文本的阅读、整本书阅读。 11.6 具有丰富、系统而有创造性的阅读教学策略，能够设计丰富的言语活动的变式训练。

续表

标 准	结果指标
11. 设计合理的教学方案	11.7 能构建学段作文教学的序列。 11.8 研究中高考作文的命题和评价标准，具有丰富有效的考场作文指导策略。 11.9 善于设计“任务驱动”的教学思路。 11.10 能够将现代信息技术和网络平台，整合于语文教学设计。 11.11 根据语文知识的纵横联系与学生的能力发展结构，创造性地设计教学单元。 11.12 能够进行课程的开发与设计。 11.13 在教学设计中初步形成自己的语文教学思想和特色。

11.1 能够进行教学设计背后的学理分析，深刻理解语文学科的本质和思想方法。

【举例说明】 《故乡》的创造性教学设计及其学理分析

一位教师执教鲁迅的小说《故乡》，巧妙地用“山寨版”《故乡》(教师故意删改的文本)与原作进行比较。具体思路如下：

《故乡》情节的设置非常清晰简单，其价值也不在于情节的曲折上。第一课时主要通过阅读两个主要人物闰土和杨二嫂的语言，分析这两个人物二十年前后的巨大变化。第二课时，仍然想让学生对《故乡》文本保持一种感性的、热情的状态，所以只问了一个问题：“读全文的过程当中，你读到哪里觉得最‘心痛’？说说原因。”全班一起共享，把“心痛”的层面区分出来：有的学生是为人生存的社会背景的混乱而痛心；有的是为了闰土的生活境况而痛心；也有的是为了闰土那样一个鲜活的生命变得毫无生气而痛心，或为了杨二嫂从西施变成可恶村妇而痛心。虽然比较散乱，但经过整合发现，这其实正是这篇小说主旨表达的几个层面，为第三课时的主旨分析做好了铺垫。第三课时采用的方法是“山寨版”和“原版”的比对法。“山寨版”把原文写到“孩子”的地方都删掉了，包括当下的水生和宏儿，也包括过去的闰土和“我”；从时间的角度去看，删掉的是过去故乡的一切，也删掉了未来的故乡，只剩下单一维度的现实中的故乡。这样一来，就违背了鲁迅先生通过二十年前后的鲜明对比来呈现人物灵魂巨大转变的意图。这也就是这节课我想达到的主要目标。

第三课时，先进行散点感知：

(1)“山寨版”与原版相比，丢失了什么？

(2)简单说说删减之后效果如何？

再进行主题聚焦：

刚才的讨论中散点地找到了很多差异，这些差异虽然没有导致“我”回故乡这个故事情节的断链和缺失，但是和鲁迅先生原版的《故乡》相比，已经丧失了很多：丧失了丰富性，丧失了孩子形象，也就丧失了童年趣味……甚至小说的主旨、表达意图都在某些程度上变化了。

教师给出《故乡》主旨的表述：

“《故乡》反映了辛亥革命后在帝国主义和封建主义的双重压迫与剥削之下，农村破产、农民生活贫困痛苦的现实，以及劳苦大众精神上的扭曲，表达了作者对现实的强烈不满。”

最后落在了作者的“不满”上，而不满的原因，给出了三个。(PPT 标注)

①辛亥革命后在帝国主义和封建主义的双重压迫与剥削；

②农村破产、农民生活贫困痛苦的现实；

③劳苦大众精神的扭曲。

讨论问题：

(1)这三个“不满”，《故乡》原文中呈现出来了吗？能找到依据吗？

(2)“山寨版”中呈现出来了吗？能找到依据吗？呈现得有什么不同吗？

板书呈现结论：

	①	②	③
原版	√	√	√√
“山寨版”	√	×不能突出	×不能体现

继续讨论：你认为三个“不满”中，哪个层面是鲁迅先生最在意的？为什么？在文中能找到什么依据？

结论：

“我们的第一要著，是在改变他们的精神”(《〈呐喊〉自序》)

学理分析：

这节课的设计基于几个“过程”的判断：

1. 从感性到理性的过程。“山寨版”和原版的比较，从感性地发现差异到理性地分析解读差异。“山寨版”和原版的比较是我在教学中比较常用的方法之一。其好处是：第一，学生拿到两个版本，很乐于“寻找不同”，这对孩子们来说是不困难而且比较有刺激性的事；第二，“山寨版”呈现出的效果也是比较直观的，所以差异背后效果的不同也不难感受和分析出来；第三，“山寨版”中与原文做了改动的地方肯定是想让孩子们关注和值得深入挖掘的地方，可以很快地让学生从感性刺激转入理性解读，而且避免了在设问过程中逐一细碎的提问，是一种比较高效的教学方式。

2. 从结论到理解的过程。分析小说的主旨，尤其是鲁迅小说的表达意图，对于初二学生来说难度非常大，如果没有足够的引导，他们很难想到“社会造成人的精神扭曲”这个层面。因此，本课直接给出了整合好的主旨表达，而学生要做的是在文本中确认支撑点，这对他们来说难度适当，而且也是比较好的筛选信息的训练。而在这个过程当中，主题表达就从几个“概念”变得丰富、鲜活，和文本紧密地联系起来。

3. 从非主体叙述到主体叙述的过程。一篇文本最有“意思”也最有“价值”的东西一定集中在主体叙述当中，也就是说作者最想表达的意图一定在他最着意去写的部分当中，或者一定在他故意设计得特别的情节或者特别的叙述方式当中。而在学生感性阅读的时候，他敏感的点是散乱的，是分散于文章各个部分中的，于是我想应该引导他们去关注主体叙述，细读，从而解读出文本的价值。比如《故乡》，学生容易关注“社会的黑暗”，以为小说要表达的就是这个，但是，看文本会发现，直接表达社会背景如何混乱黑暗的信息甚少，只是点到为止，而文章的主体叙述是对比两个人物二十年前后的变化，而且无论肖像还是语言，大篇幅的各个细节的指向，固然呈现出人生存的“辛苦”，但更重要的不是生活本身的状态，而是人的个性、精神、灵魂的颠覆。这正是藏在主体叙述中的。①

11.2 具有“大语文观”，从学生语文素养发展的高度，沟通课内外学习，开发课程资源，系统规划语文教学活动。

【操作要点】

大语文观：语文能力或语文素养的提高不能仅仅靠课堂，而是必须开展丰富多样的语文课外活动、综合实践活动，鼓励和指导学生广泛阅读、

① 案例来源：由北京师范大学实验中学刘帆提供。

关心社会时事、增加情感体验、勤于表达交流。坚持这一理念的教师，就不会把眼光只盯着课堂，而是要克服种种困难(如学校领导、家长或其他教师的阻碍，不许学生读课外书、不许开展课外活动等)，努力为学生开阔视野、开展大语文生活。而且能够把课外阅读的指导、大语文活动的开展，纳入教学设计的整体规划，而不是零打碎敲、偶然为之。

卓越教师，还特别重视语文教学的人文性。坚持情感教育、人格教育，重视情感态度价值观维度的目标。他们对语文教学的人文性有正确理解：语文本身就具有人文性，他们不会脱离文本、脱离语言，泛论人文教育。

11.3　深刻理解、善于挖掘各种教学内容在学生发展中的教育价值。能够把语文知识、他人的言语经验(文本)和学生的生活经验有机结合，实现杜威倡导的“知识与经验”的统一。

【操作要点】

(1)语文教学包含丰富的内容，不同的教学内容对于学生各方面素质的发展具有不同的教育价值。以阅读教学为例，文学作品的教学侧重培养学生的感性品质(如情感体验能力、审美感受能力)，实用类文章侧重培养学生的理性思维(如分析概括文章要点、根据需要提取和加工信息、区分信息的属性、判断真伪正误)。感性和理性正是一个全面完整发展的人所应具备的两翼。更具体地说，童话、寓言、诗歌、小说、议论文、说明文，对于学生各种素质的发展都有不同价值。明确不同性质的阅读材料对于学生语文素养乃至根本的素质发展的不同价值，就能站在一定高度驾驭教材、确定教学内容，超越“单就课文教课文、见一篇教一篇”的盲目混沌状态。

(2)语文学习的内在机制，是“语文知识、他人的言语经验(文本)和学生生活经验的有机结合”，即杜威(John Dewey)倡导的“知识与经验”的统一。语文学习不能从抽象的“语文知识”开始，而是必须依托具体鲜活的文本(即他人的言语经验)；但也不能缺少语文知识的支撑，否则就会沦为一篇篇孤立文本的学习，整个课程与教学内容变成一盘散沙；语文课程是实践性课程，语文学习更需要调动学生的言语实践，对他人文本的理解，也需要与学生的生活经验、情感体验结合。把握好这三者的互动、依存关系，是语文教学成功的根基。

【举例说明】

北京十五中李红利老师的古代诗歌教学，通过诗歌文本(他人的言语经验）与学生的心理体验的巧妙结合，成功实现了古人与今人、诗人与学生的情感对接：

教读高中《〈诗经〉三首》时，因为诗的年代及语词太过遥远，学生很难从心理上融入诗的情境。我想起了海德格尔的一席话：诗并不飞翔凌越于大地之上以逃避大地的羁绊，正是诗，首次将人带回大地，使人属于这大地，并因此使他安居。这句话启示我们，诗歌必须纳入学生的生命体验，唤起对人生的记忆、寻访和展望，动心入情，才可能领悟诗的魅力。为此我设计了诗词叙事系列“光阴的故事”，以幻灯片的形式追踪女性凄美的情感历程。开篇是李白的《长干行》：“妾发初覆额，折花门前剧。郎骑竹马来，绕床弄青梅。”两小无猜的无邪情态，涂抹着淡淡金色的童年；李清照的《点绛唇》：“倚门回首，却把青梅嗅”，情窦初开的美丽少女，墙角的青梅发散着缕缕暗香；时光流转，《邶风》中的“静女”与心上人相约春天的城隅，一枝小草成为世间最动人的信物。无数次的心跳叮咛，无数次的望穿秋水，女子披上甜蜜的嫁衣，涉过汤汤的淇水，成为信誓旦旦的“氓”的新娘。桑叶陨落，红颜不再，无尽的辛劳换来虐待与休弃，面对长夜悲泣的日子，女子发出了“反是不思，亦已焉哉”的决绝之声……此刻诗的语言亲近而又幽远，文中隐约摇曳着青春的倩影。学生们被诗中的命运深深打动，仿佛听到了那洞透古今、发自肺腑的遥远叹息。

故事并未结束。为永恒的悲剧所激发，学生们借助教材、读本和鉴赏辞典，猜测命运的结局：或如《孔雀东南飞》浪漫的殉情；或如《上山采靡芜》负心男子悔不当初；或如《钗头凤》情难自禁、抑郁而终。最具审美价值的是杜甫的《佳人》，那位幽居空谷的哀婉女子，“天寒翠袖薄，日暮倚修竹”的凄凉身影挥之不去……当抽象的诗歌语言流淌为具象的人生画面，展现出诗与生活、与社会不离不弃的真相，学生才真正走近了文本。

11.4 熟练运用汉字学、词汇学的理论知识，进行识字教学与词语教学的设计，如小学的字理识字，中学的文言训诂。

【举例说明 1】　　“喜”字由什么构成①

北师大版二年级下册《杨树之歌》中有这样一个句子“成天喜欢哗啦啦地

① 案例来源：由北京教育学院吕俐敏提供。

歌唱”，其中“喜”是课后呈现的会写字。就这个字，两位老师有不同的教法：

案例一：“口上十个豆”

师：老师这里有个谜语：口上十个豆，保准不发愁。猜猜是什么字？

生1：喜

师：这个字哪里容易写错？

生2：“士”不是“土”。

生3：横要长。

案例二：喜由“壴”和“口”构成

“喜”字的学习，老师呈现了甲骨文、金文、小篆的写法：

师：“喜”字在甲骨文中是“鼓”。“壴”是一面鼓的象形，“鼓”字右边部分表示手执鼓槌，击鼓，所以最初“鼓”是动词，成语“一鼓作气”中的“鼓”就表示击鼓。“彭”右边的“彡”表示击鼓发出“嘭嘭”的声音，后来加上“口”成为“嘭”，表示鼓声。“嘉”，为形声字，表示美好的意思。鼓是庆典的乐曲，很庄重，表示美好的意思，《诗经·关雎》：“钟鼓乐之”，以钟鼓之声庆贺“君子”终于求得“窈窕淑女”。

总之，“喜”字从壴从口，因为敲鼓，所以喜庆，口表示笑口常开。

案例分析：

汉字中由“壴”构成的字，有一个系列：喜、鼓、彭、嘉。如果再加上繁体字还有樹(树)、廚(厨)等。比较以上两个案例可以看出，第二位老师的教法更加符合汉字的字理，显示出深厚扎实的汉字学理论功底。

【举例说明2】　　“引”：从本义到引申义

高中文言文教学中，“引”是一个重要而常见的实词。有位老师运用词汇学的知识，构建了“引”字的词义引申序列，帮助学生系统、准确、深刻地记忆这个多义词的多种义项。

“引”的本义：《说文解字》释为“开弓也”，如“引弦而戰”。根据这个开弓的动作，“引”具备了三个特点，即拉开，牵拉；后退；把握。于是分别出现了下列用法：

牵引：有过于江上者，见人方引婴儿而欲投之江中——《察今》

退：初一交战，操军不利，引次江北——《赤壁之战》

拉：居一年，胡人大入塞，丁壮者引弦而战——《塞翁失马》

操持：荆轲废，乃引其匕首提秦王——《荆轲刺秦王》

11.5　阅读教学，能够根据不同的阅读目的和材料特点，系统传授不同的阅读方法；能够突破篇章教学的单调格局，指导非连续文本的阅读、整本书阅读。

【操作要点】

卓越教师的阅读教学，不再限于单篇课文的解读，他们能够基于对阅读规律的深刻理解与系统把握，根据不同的阅读目的和材料特点，向学生传授不同的阅读方法；他们重视指导学生进行非连续文本的阅读、整本书的阅读。

11.6　具有丰富、系统而有创造性的阅读教学策略，能够设计丰富的言语活动的变式训练。

【操作要点】

卓越教师使用的教学策略，更具有创造性。他们的提问设计、活动设计巧妙，能够瞬间激活学生的兴趣和思维；他们还特别善于运用情境策略、比较策略、联系策略，能够设计丰富的言语活动的变式训练。

【举例说明】

角色模拟创设情境的策略——《友邦惊诧论》的教学片段①

师：假如你是当年学生游行请愿队伍中领头呼喊口号的人，你会喊出什么呢？

[学生仔细阅读课文后，群情激昂、跃跃欲试]

生1：打倒日本帝国主义！

生2：还我东三省！还我河山！

生3：国联和日本人是一伙的！

生4：国联不是好东西！

生5：反对政府的不抵抗！

…………

① 案例来源：由北京市特级教师、北京房山区教师进修学校郭志富提供。

师：现在，你们知道当年学生的请愿是什么性质的行为了吧？

生：是爱国行为。

案例分析：

《友邦惊诧论》是一篇颇有难度的文章，初中学生对历史背景不了解，不容易弄清楚“请愿学生”“国联”“日本”“国民政府”等复杂的关系，也不能快速梳理文章脉络、读不懂鲁迅的反语。一般情况下，只能由教师来讲解，讲解与学生的理解仍然有差距。该案例中的教师通过让学生“角色模拟”，调动了学生的参与热情，巧妙地使学生进入文中的历史情境，从而理解了当年事件的是非曲直、理解了鲁迅的爱憎感情。

11.7　能构建学段作文教学的序列。

【举例说明】

北京景山学校校本教材编写组构建的“六至九年级写作目标”

六年级(上)

1. 懂得写作是为了自我表达和与人交流。
2. 能从生活中选取写作材料，写自己熟悉的事情。
3. 写记叙文感情真实，有中心，内容具体，分段表述，有头有尾。
4. 语句基本通顺，行款正确，书写规范、整洁。

六年级(下)

1. 养成留心观察周围事物的习惯，尝试写自己的独特感受。
2. 写记叙文中心明确，详略得当。
3. 能抓住事物特征，描写生动。
4. 学习修改自己的习作，能与他人交换修改。

七年级(上)

1. 写记叙文能根据中心选材，能运用联想和想象等丰富文章内容。
2. 能初步运用人物描写(如语言、动作、外貌、心理等)的基本方法。
3. 顺序合理，注意文章语句的连贯、段落间的过渡和内容前后的照应。
4. 语句基本通顺，能正确使用常用的标点符号。

七年级(下)

1. 写简单说明文，能清楚地说明事物和事理。

2. 文章中要有说明事物特征或事理本质的语句。

3. 能根据写作目的和说明对象，选用恰当的说明顺序和说明方法。

4. 写说明文语言准确、简明。

八年级(上)

1. 写记叙文做到中心比较突出，内容充实，有细节描写。

2. 初步掌握记叙文写作过程中的搜集素材、立意构思、列纲起草、修改加工等环节。

3. 能根据文章中心的需要，使用不同的表达方式。

4. 能正确运用学过的词语、句式、修辞方法等，增强语言表现力。

八年级(下)

1. 写简单议论文，做到有理有据。

2. 文章有明确表述观点的语句，论据恰当，初步掌握几种常用的论证方法，语言比较准确。

3. 能针对某些社会热点话题，进行多角度思考，发表自己的见解。

4. 在记叙文中能恰当地运用议论和抒情的表达方式。

九年级(上)

1. 能恰当运用多种表达方式，进一步提高写作能力。

2. 注重写作过程中选材、构思、表达、修改等环节。

3. 熟悉命题、半命题、话题、给材料等作文形式，并能依据要求作文。

4. 根据写作要求，能在一小时内完成不少于600字的作文。

九年级(下)

1. 写作时能考虑不同的目的和对象，较自如地表达自己对自然、社会、人生的真切体验。发现生活的丰富多彩，捕捉事物的特征，并有创意地表达。

2. 能熟练地按照要求进行缩写、扩写、续写和改写。

3. 能根据要求，选择恰当的文体，在限定的时间内完成作文，做到主题鲜明，内容充实，语句通顺。

4. 能根据生活需要写日常应用文。

11.8 研究中高考作文的命题和评价标准，具有丰富有效的考场作文指导策略。

【操作要点】

卓越的语文教师，不仅能够基于正确的作文观，对学生进行日常作文的扎实训练；而且善于研究考场作文、特别是中高考作文的命题和评价标准，理性分析它们的得失；同时具有丰富有效的考场作文指导策略。他们的“应试”策略，不是让学生宿构、套作，或者平庸稳妥地保证“不出风险”，而是巧妙点拨修改技巧，让学生的作文在原有水平上快速“提档”。

11.9 善于设计“任务驱动”的教学思路。

【操作要点】

“任务驱动式”的教学设计，摒弃了琐碎提问和步步牵引，是一种“大开大合”的教学思路，这种设计需要教师具有非凡的功力和魄力。

【举例说明】　　《诗语〈散步〉》教学设计①

一、总体设计思想

《散步》是一篇充满诗意的短小文章，理解难度不大，内涵的可阐释性却比较强。教学的重点除了把握文章内涵外，就是要体会作品的诗意美，而诗意美是不适合用细致的篇章分析来传达的。

在课堂交流前，学生实际上已经历这样一个思维过程：理解课文——提炼课文诗意——创作诗歌。在这个基础上，教师再将学生的作品整合为课堂资源，加以运用，使课文的内涵、诗意美在课堂交流中自然呈现并进一步深化。在这个过程中，学生的学习经过了一个个性化解读、个性化表达的过程，而课堂上的交流则基于这种思维成果。

二、教学过程

1. 预习与创作：要求学生自读课文，根据自己对课文的理解，写至少一首诗歌。

2. 教师备课：教师阅读学生提交的诗歌，选择使用于课堂教学中。

3. 课堂交流：利用学生创作的诗歌进行课堂教学，深入理解课文内涵。

① 案例来源：由北京十一学校沈静提供。

三、课堂交流的主要环节

1. 灵感溯源：选择部分学生的诗作，请学生来谈谈创作的灵感源自课文的哪个部分哪一点。设计意图：代替一般的篇章分析和细节分析，减少不必要的烦琐分析，指向文章关键词句；同时避免脱离课文。

依据：学生通过阅读文章和创作诗歌，已经具备整体感知课文的基础，再如此分析，应该比较恰当。暗含了对文章的内容分析、写作特点分析。

2. 主题分析：这是一个必要环节；一个在教学流程中水到渠成的环节。

依据：学生的创作基本上是围绕着这些主题的。

3. 佳句欣赏：选择更多学生的诗句，配乐欣赏。设计意图：这个环节一方面是想让更多的同学有机会展示他们的创作；另一方面也与前一环节构成一个层次的递进——从对课文内容的开掘延伸到对主题的更广泛的拓展性的理解。

依据：根据学生的创作的特点——有的紧扣课文内容，有的是从课文主题发散开去的创作。两种都要利用好，体现其价值。

4. 现场创作与交流：继续深化对课文主题的理解，学习课文从生活中的平凡小事发现诗意的特点，启发学生关注生活，关心亲情与爱。锻炼学生写作能力。

案例分析：

这个设计有两大亮点：(1)摒弃了“琐碎的课文分析”，进行“大开大合”的教学设计；(2)任务驱动式学习，充分激活了学生的情感体验与阅读的主体性、创造性。

11.10 能将现代信息技术和网络平台，整合于语文教学设计。

【举例说明】 网络平台下的高中诗歌单元教学设计①

一、单元设计说明

这是一个校本选修单元，适用于高一下半学年或高二阶段。以北京版高中语文选修第五册“中国百年新诗”为资源库，选取其第四章“开放期的中国新诗”(共 79 首)中的 33 首诗歌作为感受、鉴赏的重点。教学时间 6 周，

① 案例来源：由北京五中计静晨等提供。

实体课堂每周一课时(1小时)。

新课程选修课的设置目标之一就是满足不同学生的发展需要，选修课的学习特别要体现学生自主选择、自主发展的个性化学习特点。同时，网络平台、虚拟教室为学生提供了不受时空限制的分享学习经验、获得学习资源的可能。

① 在学习的起始阶段，从学生的兴趣点出发，从学生的学习期待出发，调动学生的自主性确定学习内容和探究方向。

② 教师的作用着眼于组织与帮助。教师的活动重在激发学生的主动性，力求加强针对性——满足学生在学习过程中解决实际问题的需要。想办法去促成学生言语经验的积累和重组，鼓励“发现”，重在“生成”。

③ 虚拟课堂和实体课堂的结合。

虚拟课堂：借助“北京市高中新课程选修平台”(www. bjecr. net)建立虚拟教室，突破时空限制，为学生提供合作探究学习平台。师生以发帖形式参与互动。

具体方式：教师建“论题”(如“永远的海子”“朦胧诗的韵味”……)；学生或者教师在“论题”下自由建立“主题”(如“海子的一生”“太阳之子”……)，从多角度对本论题进行探究学习。

实体课堂：每周一次，每次一小时。通过对精华帖的分享，对热门论题的探讨，促进学生言语经验的交流，更好地形成合作、探究的氛围，促进学生品读、鉴赏诗歌的自主性和个性化发展，提高表达能力。

二、单元操作进程

第一阶段：预热(第一周)

1. 实体课堂：指导学生进行网络虚拟教室的注册。

2. 虚拟课堂：设置论题帖(“给我一个喜欢或不喜欢新诗的理由”)，了解学生对新诗的兴趣点。

3. 虚拟课堂：阅读单元导言(《新时期以来的中国新诗》李小雨)，初读33首诗歌，布置征集论题的工作(自愿完成)。(可能形成“诗人”“诗作”“诗歌现象”三条探究线索。)

第二阶段：启动(第二周)

1. 实体课堂：展示预热阶段同学们的精彩论题；对选修平台功能的介绍、网上操作技术的指导；本选修专题的学习评价介绍等。

2. 虚拟教室的学习活动：学生在虚拟教室参与班级选修论坛上由同学提供的论题的研究和讨论。

第三阶段：初步鉴赏（第三周）

1. 虚拟课堂：继续对自己喜欢参与的主题进行合作探究，教师用回帖方式指导学生关注语言，避免大而无当，提示、纠正表达上的错误。

2. 实体课堂：

(1)针对学生“不会回复”（实际上是不会“合作”）的问题，交流精品回帖。通过展示“支持帖”（情感共鸣）“赞同帖”（同一鉴赏点的同样观点）“争论帖”（不同意见争鸣）“帮助帖”（提供创作背景、作者介绍）“疑问帖”（寻求帮助与提出疑惑）……引导学生正确理解“合作”的含义。

(2)通过对不同表达形式的回帖的交流，指导学生结合自己的鉴赏起点写出对诗的感受、见解。（鼓励不同能力起点的学生参与探究学习）

第四阶段：推进鉴赏（第四周）

1. 虚拟教室：再读论题下的诗歌：谈谈第二次读某诗的感受，可以从意象、意境、主旨、手法、构思等任意角度写，但必须结合具体诗句。要表达出再读与初读的差异。不少于200字。

2. 实体课堂：展示重读诗歌的精华帖，适当小结诗歌鉴赏的一般规律，补充相关知识、推荐阅读材料。

第五阶段：创作（第五周）

1. 虚拟课堂：

(1)教师设立“原创共享”论题，鼓励学生创作新诗。

(2)布置默写要求（每位同学从本单元选择三首自己喜爱的诗歌背默下来）

(3)对本单元提供的诗歌提供个性化鉴赏成果，如：朗诵、再读感悟、诗配画……

2. 实体课堂：交流与展示，共享读、写经验。

默写自己喜爱的三首诗歌，并对喜爱的原因做点评。

第六阶段：总结（第六周）

1. 虚拟课堂：网上评选“我最喜欢的5首原创诗歌”。

推荐阅读资料：徐敬亚《把朦胧诗的价值告诉后来人》

2. 实体课堂：

(1)揭晓“我最喜欢的五首原创诗歌”。作者谈创作体会。

(2)交流对推荐文章的思考。

(3)总结对本选修单元学习的思考和收获。

(4)鼓励学生自主合作继续学习前三期诗歌(发轫期、丰盈期、调整期的中国新诗)

11.11 根据语文知识的纵横联系与学生的能力结构，创造性地设计教学单元。

【操作要点】

单元，是语文教学的基本单位。语文教学要走出混沌无序、一盘散沙的局面，必须以单元为单位，系统规划三年、六年的教学内容。目前小学、中学的大多数教材，都采取了单元编排的体例，但各套教材的单元编排还存在各种各样的问题，比如单元目标过于笼统粗略，单元之间缺少知识点的分布与能力训练的梯度，单元选文与目标不匹配等。特别是，时下流行的依据“生活话题”(如亲情、友爱、战争、环保)来组元的做法，有很大的局限性，未能突出语文学习的特点。卓越期的语文教师，更善于突破教材中流行的“生活话题单元”模式，根据语文知识的纵横联系与学生的能力结构，创造性地进行单元教学设计。

【举例说明】 初中“托物言志类”散文的单元设计①

1. 单元设计思路

“托物言志类”散文，是散文家族重要的成员。初中学生阅读这类散文，往往停留于“物”的初步感知，不能深入领会“志”的含义；同时，受到某些不良解读习惯的影响，他们对“志”(也就是文章主旨)的理解，往往陷入标签化、概念化的误区。此外，“抓文眼”，是解读散文行之有效的方法。但学生如果没有经过阅读系列文章的强化训练，就难以在脑海中确立“文眼”概念，更不善于准确找出不同文章的文眼，他们很可能简单化地把文章开头结尾的句子当做文眼。

基于以上学情和文体特点，本单元让学生阅读一组题材与主旨相近的“托物言志类”散文，集中实现以下两个单元教学目标：(1)“准确理解散文的主旨、领会作者独特的感悟”，理解作者所言之“志”。(2)学习“文眼法”，

① 案例来源：由北京教育学院王漫提供。

准确找出一篇散文的文眼句。

2. 单元教学步骤

(1)1课时：复读小学课文《落花生》《白杨》《仙人掌》，让学生意识到以前所谓的"中心思想"未必准确，并没有抓住作者独特的感悟；明确"托物言志"的文章，要读出所"志"；开始训练"文眼法"，认识到"文眼"未必总在文章的开头或结尾。

(2)3～4课时：依次读《心田上的百合花》《行道树》《石缝间的生命》三篇新课文，这三篇的主旨理解难度递增。每篇课文的教学，都要紧密围绕单元的两个目标：准确理解主旨、准确找到文眼。

(3)1课时：单元小结与检测：写出某篇托物言志类散文(如《石榴》)的主旨和文眼。

3. 以《行道树》为例

《行道树》的主旨看似简单，学生很容易标签化地概括为：本文赞美了行道树默默无闻、无私奉献的精神。学生对小学课文《落花生》《白杨》等课文主旨的理解，也很容易陷入这种"套话"。此外，学生寻找文眼时，常常把课文最后一句"立在城市的飞尘里，我们是一列忧愁而又快乐的树"当做文眼。实际上，每篇散文都有作者对生活独特的感悟，这种感悟不应该被大而化之的雷同主题所概括；准确找到文眼，就是准确发现作者"最想说的话"。《行道树》的文眼应是文章中间部分的"神圣的事业总是痛苦的，但是，也唯有这种痛苦能把深沉给予我们"一句。正是这句文眼，揭示了本文主旨的独特所在。

因此，《行道树》的教学紧扣单元目标：准确理解作者独特之"志"；准确找到文眼。而这两个目标作为散文阅读能力方面的目标，也不是一篇课文的教学就能完全实现的。所以，才需要一组文章的阅读来强化训练，需要进行单元整体的设计与实施。

11.12 能够进行课程的开发与设计。

【操作要点】

卓越教师具有强烈的课程意识，能够正确认识教材与课文的地位和功能，不迷信既有教材的选文篇目和组织体系，勇于进行课程创生。例如，走向卓越的高中语文教师，能够准确把握必修课程与选修课程的不同特点及其关系，进行必修或选修课程的设计，特别是自主开发课程资源、创造性设计教学思路的校本选修课程。

【举例说明】 发现矛盾 品味诗情

——高中现代诗歌选修课程设计①

一、课程组织核心

诗歌的有机体中包含共存着的互相矛盾、背向而驰的辩证关系。一首诗歌，总体上必须是有机的，具备整体性的，但内部却允许并且应该充满各种各样的矛盾和张力。

说到文学的矛盾，人们往往想到小说、戏剧中曲折的情节、强烈的冲突，而实际上正如《小王子》的作者圣埃克苏佩里所说："人类的戏剧并不显示于生命的表层，它不是在看得见的世界演出，而是在人们的心中。"诗歌舞台上也上演着充满矛盾冲突的戏。有时来自一个人内部的两个执拗的声音相互争执，在矛盾拉力中展示出丰富的心灵世界。读诗，正是要进入这样一个人生命存在的重要的隐秘地带。当然这些矛盾的声音要和语言形象结合在一起，而诗歌的语言、形象本身也是充满矛盾性的。

二、课程目标

1. 引导学生基本理解所选诗歌的情感内蕴，丰富自己的情感世界。

2. 帮助学生拓展阅读视野，提高阅读诗歌的兴趣。

3. 引导学生初步掌握"发现与感受诗歌在语言、意象、诗人情感态度等不同层面的矛盾，来鉴赏诗歌的基本方法"。

三、课程内容要素

1. 选文

本课程的选文相对集中于中外现当代诗歌，有如下考虑：中学语文教学中古典诗词在诗歌教学中比例相对重，考虑到中国诗歌的优秀传统与语文课传承优秀文化的任务，这无疑是恰当的。但在选修课程中，来补充对中外现当代诗歌的学习也很有价值。

我们在使用现代汉语，用它来交流，做商业，做学术等，还应注意维持其审美维度，毕竟诗歌是语言的最高标尺。现代汉语诗歌起步至今不到百年，可能精品不多，但是在我们的学生以及我们学生的学生那里还要产

① 案例来源：由北京十五中吕静提供。该案例详见：《北京教育学院学报》，2010年增刊。

生现代汉语诗歌的读者和创造者。

还有不可回避的一点，现代汉语诗歌的产生受到西方文化的影响，几乎在每位卓有成就的诗人身上都可以看到西方诗歌的影响。另外，在一批优秀翻译者的艰苦努力下，现代汉语的边界不断得到拓展。总之开设这样一门选修课至少可以提醒自己并引导学生保持阅读的活力，不断拓展阅读边界。

另外某种意义上讲，现代诗歌具有更强的自我争辩的意味，从而有更明显的矛盾性特征，当然诗歌的矛盾性在古典诗词中也会有体现，在教学中我们也会用学习到的矛盾分析策略重新解读经典的古典诗词。

2. 助读系统

单元知识聚焦：注意提供具体的读法指导和概括性的知识介绍。

阅读指导：包含作家介绍，背景知识及部分优秀赏析等内容。也有结合选文具体内容的问题指导。

文学与生活：注重激发学生的独特的阅读感受与想象力。联系生活，引导学生结合生活中熟悉的或容易理解的语言现象(如歌词，谜语，广告，台词，谚语，流行语等)来理解诗歌的矛盾性。

重读经典：用学习到的矛盾分析策略重新解读经典的古典诗词。

作业练习：补充练习或拓展阅读，引导学生进一步思考探究。

3. 单元学习要点解析

李泽厚在《美学四讲》里将艺术品分为三个层面：形式层，形象层，意味层。三层面彼此渗透交融和反复重叠。模仿这一分层法，我把诗歌也分为三层面：语言层，形象层，意蕴层。王一川的《文学理论》在讲到文本层面的时候，提到中国古代有言、象、意三层面说。因此本课程在引导学生讨论诗歌内部的矛盾时也主要聚焦在言、象、意三个层面，分为四个单元：第一、二单元，聚焦诗歌语言层面的矛盾；第三单元，聚焦诗歌形象层面的矛盾；第四单元，聚焦诗人态度情感的矛盾。其中语言层面占到两个单元，比重较大。语言层面的矛盾可分为两个方面：文本事实层面的矛盾性，即直接呈现出来的语言层面中词与词的组合，句与句的衔接等方面的矛盾；文本字面意义与深层意义之间的矛盾。所以第一单元聚焦诗歌语言的矛盾，第二单元，聚焦诗歌语言字面意与深层含义之间的矛盾。

当然，正如海子说："诗歌不是修辞练习，而是一场精神烈焰"，语言应该是与诗人的精神情感居住在一起的。本课程最终还是要归结到诗人内心的矛盾去；某种意义上讲，是心灵内部的矛盾造就了诗歌，正是在一种"自我争辩"(叶芝语)中，语言与思想进入到灵魂的深处。

各单元的主题及主要选文：

第一单元：聚焦诗歌语言的矛盾

选文：《春》 穆旦

《雨》 博尔赫斯

《金黄的稻束》 郑敏

《面朝大海，春暖花开》 海子

《天籁》 福兰

第二单元：聚焦诗歌语言字面意与深层含义之间的矛盾

选文：《烦忧》 戴望舒

《忘掉她，像一朵忘掉的花》闻一多

《忘掉它》 黛丝蒂尔

《如果记住就是忘却》 狄金森

《寂寞》 卞之琳

第三单元：聚焦诗歌意象之间的矛盾

选文：《半棵树》 牛汉

《妈妈》 江非

《恋人诉说他心中的玫瑰》 叶芝

《当时光已逝》 泰戈尔

《海风》 马拉美

第四单元：聚焦诗人态度情感的矛盾

选文：《偶然》 徐志摩

《雪夜林间小驻》 弗罗斯特

《故乡吟》 荷尔德林

《出发》 兰波

《哈姆雷特》 帕斯捷尔纳克

《智慧之树》 穆旦

11.13　在教学设计中初步形成自己的语文教学思想和特色。

【操作要点】

卓越教师，能够在教学设计中初步形成自己的教学思想和特色。此后，随着个人专业水平的跨越式发展，最终提炼出鲜明的思想体系，在语文课程与教学理论上有所建树，成为专家教师——特级教师。

标　准	结果指标
12. 实施有效的教学活动	12.1　语言表达水平高超，极富感染力；有幽默才能。朗读接近专业水平。 12.2　能用诗意的语言对作品进行二度阐释。 12.3　具有果断的教学决策能力，能够根据学情变化，灵活调整教学的内容、顺序和方法。 12.4　高度关注学生的学习表现，具有敏锐的洞察能力与机智的反应能力。 12.5　关注个体差异，进行分层指导。

12.1　语言表达水平高超，极富感染力；有幽默才能。朗读接近专业水平。

【操作要点】

卓越教师的语言表达，极富感染力，他们讲课激情饱满，仿佛演讲。著名特级教师吴昌顺、程翔、窦桂梅等老师，都有这样的特点。

幽默，是语言表达的高级境界，是性格修炼与言语智慧的结晶，卓越教师的课堂上，能够时常闪现幽默的火花，让学生在轻松愉快、开怀大笑中受到难忘的启迪。

卓越教师的朗读，能够接近专业水平，他们不仅能够运用丰富的技巧出色范读各类作品，而且系统掌握朗读学知识，能够从朗读的内部技巧(基调掌控、情境再现等)和外部技巧(重音、听连、语气、节奏等)具体指导学生的朗读。

12.2　能用诗意的语言对作品进行二度阐释。

【操作要点】

语文教师带领学生走进文本、赏析作品时，经常需要用自己的语言对作品进行一定的阐释。卓越的语文教师在阐发作品意蕴时，能够运用诗意的语言进行二度阐释。

【举例说明】

李红利老师在《花未眠》一课中的导语，可谓诗意盎然，引人入胜：

中国与日本“一衣带水”，但我们对于日本文学的了解却是“依旧烟笼十里堤”。松尾芭蕉有句诗：秋深矣，不知邻人做何事。邻人做甚，中国古人会说：吹皱一池春水，干卿底事。可日本人正是靠着这种可贵的文化好奇心理，一直关注着我们的文化，我们不妨借此机会也了解一下这位邻人的文学特征。郁达夫说读日本文学“如吃橄榄，越嚼越有味”，但愿我们要研读的《花未眠》也能使大家品出橄榄的味道。

12.3 具有果断的教学决策能力，能够根据学情变化，灵活调整教学的内容、顺序和方法。

【举例说明】

一位专家借班执教《斑羚飞渡》，本来有很多精心设计，但上课后发现了两个情况：一是学生已经在课外读过这个故事，对故事情节很熟悉、没有新鲜感神秘感了；二是学生朗读课文，却又读得磕磕绊绊错字连篇，反映出本班学生的语文基础相当薄弱（这是一所农村中学）。此时教师果断地放弃原来的教学设计，把教学目标确定为：正音正字，通顺流利地朗读课文。于是整节课都用来朗读课文了，学生一个个站起来读课文，其他同学认真听读，纠正读错音的字，教师板书予以强化。

案例分析：

这节课似乎没教什么东西，但对于特定学生而言，他们在这节课上确实进行了学习、得到了收获（结果），而且在教师营造的亲切氛围中，读书还读得乐此不疲（过程）。更难得的是，这是一位专家执教的示范观摩课，他丝毫没有因为是“做课”就要展示自己的深刻解读与高明设计，他丝毫不顾及百十位听课教师的“失望”（“难道专家上课就是这样单调地让学生读课文吗？”）而是完完全全站在学生的立场，站在具体学生而非抽象学生的立场，实实在在地为学生的需求着想、为学生的发展服务。

12.4 高度关注学生的学习表现，具有敏锐的洞察能力与机智的反应能力。

【操作要点】

“洞察与反应”，是教师教学能力的重要方面。熟练和成熟教师应该做到的"观察学生的表现、倾听学生的发言，及时进行反馈评价"，都属于"洞察与反应"能力，卓越教师对学生的洞察更加敏锐，对学生的反应更加机智，他们善于捕捉并妥善处理生成性问题，使之成为学生学习和发展的契机。

【举例说明】　　　　　　　于漪老师的教学机智

著名特级教师于漪老师在教《宇宙里有些什么》时，读到课文中的一句话："宇宙里有几千万万颗星星"。这时，一个学生提出了问题："老师，万万等于多少?"大家都笑了起来，有一个学生说："万万不等于亿吗?"在大家的笑声中，提问题的学生只好灰溜溜地坐下了。于老师觉得他的积极性受到了打击，于是追问："既然万万等于亿，但这里为什么不说宇宙里有几千亿颗星星，而却说宇宙里有几千万万颗星星呢?"这一问，学生们都哑了。经过讨论，学生得出结果：一是响亮；二是给人很多的感觉。最耐人寻味的是于漪老师的小结。她没有忘记那位因提问而脸红的学生："提出一个问题往往比解决一个问题更重要，没起初那同学的提问，我们就有可能忽略了这一知识点，也就不会有这一收获了"。在这个过程中，学生们获得了叠词的相关知识，锻炼了词语的辨析能力。而于漪老师对学生的关注没有停留在知识的建构上，她还在有意识地帮助学生在学习过程中找到自我，使他们的情感、态度与价值观都得到发展。

12.5　关注个体差异，进行分层指导。

【操作要点】

学生的个体差异有两种情况，一是学习能力和水平的高低差异；二是不同个性和认知风格的差异。卓越教师，比一般教师更能关注到学生的个体差异，他们在教学中，能够尊重和鼓励必要的差异，同时又能长善就失。关注差异、因材施教，是"以学生为本"之教育理念的高级形态的表现，也是教育教学的最高境界。具体的操作要点是：

(1)在班级授课制条件下，尽量关注每一个学生，不满足于少数积极学生烘托的课堂气氛，对沉默和边缘的学生予以特别关注。

(2)利用提问、目光交流、走动接近、个别指点等形式，对沉默和边缘的学生提供感情和智力的支持，特别是对学困生给予关怀和帮助。

(3)尊重和鼓励必要的差异，主动为学生提供展示差异的机会和安全的心理环境。

(4)了解学生的不同个性、不同的学习风格和学习态度，适当给予他们不同的学习任务和要求，布置作业有一定的弹性和选择性，让各个层次的学生都有发展的机会。

(5)针对学生的个体差异，运用面谈、笔谈等形式，进行有效的个别化指导。

(6)采取适当策略利用学生差异，并将其转化教学资源。

标　准	结果指标
13. 培养学习习惯与指导学生学会学习	13.1　系统掌握多种学习策略，能够有计划地进行策略性知识的教学，时刻渗透学法指导。 13.2　在语文教学中训练学生学会思维，培养问题意识，特别注意培养创新思维与创新精神。

13.1　系统掌握多种学习策略，能够有计划地进行策略性知识的教学，时刻渗透学法指导。

【操作要点】

走向卓越的语文教师，能够更加系统地掌握多种学习策略，有计划、有步骤地进行策略性知识的教学。

【举例说明】　　魏书生老师的学法指导

魏书生老师曾通过调查研究，了解到差生不正确的学习方法有20多种，并发现了6种带有普遍性的现象：1.“等”；2.“动手不动脑”；3.“45分钟陪坐”；4.“不知语文为何物”；5.“制订学习计划的能力差”；6.“缺乏起码的学习习惯”。针对差生学习方法出现的常见病，他采取了一系列有效的措施：1.降低知识阶梯的坡度让差生自己上。2.教差生认识并试着驾驭大脑这部机器。3.让差生每节课都有所得。4.给差生规定一个明确的语文学习序列。5.教差生制订学习计划。6.教差生养成学习习惯。

13.2　在语文教学中训练学生学会思维，培养问题意识，特别注意培养创新思维与创新精神。

【操作要点】

注重学法和思维的指导，是优秀教师的重要标志！“授人以鱼，不如授人以渔”的古训意味着：当学生掌握了一定的学习方法与思维方法，才能真正具有独立解决问题的能力。所以有人说：一流教师教思想，二流教师教方法，三流教师教知识。

思维的形式可分为形象思维（感性思维）和抽象思维（理性思维）。形象思维的核心是联想与想象，语文教学，特别是文学作品的阅读教学，要重视培养学生“情景与形象再现”（再造性想象）和“联想现实生活”的意识、习惯和能力；在作文教学中，要鼓励创造性想象。抽象思维的一般方法包括分析与综合、比较与分类、归纳与演绎等。

小学生大概在三年级至五年级，会经历具体形象思维到抽象逻辑思维的飞跃或质变。这个转折时期就是儿童思维发展的关键期。林崇德认为，这个转折点在何时实现，主要取决于教育的效果。

小学阶段的语文学习，以形象思维为主，但也要适当渗透抽象思维的方法。中学阶段、特别是高中的语文学习，要逐步加大抽象思维的力度。鉴于多数语文教师都比较重视形象思维的训练，下面的举例侧重分析抽象思维的训练。

【举例说明】

“对比”的思维方法——小学课文《落花生》教学片段

小学课文《落花生》的主旨是赞美花生的优秀品质。学生反复朗读课文、课堂进程过半的时候，一位教师提问学生：“花生最可贵的究竟是什么呢？”一名学生回答：“花生把果实结在地里，不像苹果、桃子高高挂在枝头，让人一见就喜欢，花生不张扬自己……”教师又让另一名学生补充，该学生说：“花生长在地里，把果实埋起来，等到成熟了别人也不知道，不像苹果、桃子把果实高高地挂着……”教师评价：“很好，这两位同学都运用了对比的方法。真的是这样吗？让我们来看看图片——”接着用多媒体呈现苹果、桃子、石榴鲜红嫩绿的果实，又呈现地里花生的图片，并伴随解说：“苹果桃子的确很漂亮，而花生很不起眼，和泥土一样的颜色。”

案例分析：

“对比”，不仅是本文突出的写作手法，也是人类认识事物的重要的思维方法。上面课例中，教师有意识地强调了这种方法，但教学处理却很不到位。从两名学生的发言来看，他们只是复述课文中已有的句子，并没有新的思考和发现；而教师呈现多媒体图片，更是把“对比”思维处理地简单化了：难道“对比”就是观看直观的图片吗？这样的“对比”具有思维含量吗？

实际上，如果我们真要教好“对比”，首先要启发学生思考：对比，应该怎样比？也就是说，“对比”这种思维方法是如何操作的？结论是：要找出两个事物或两类事物的“同”与“异”。“同”，是二者的相同点和联系，如果两个事物风马牛不相及，又谈何对比？但二者又不一样，所以要寻找“异”处。在《落花生》里，花生与苹果、桃子的“同”，在于它们都是果实，再深化一步，就是都有内在价值；而“异”处，只是一个不好看并埋在地里、一个光鲜漂亮并彰显出来，再深化一步，就是二者的外表形象不同。做完这一比较之后，再让学生思考：是不是苹果桃子外表形象好，所以就不如花生“可贵”呢？再看课文中有一句话：“那么做人也要做有用的人，不要做只讲体面而对别人没有好处的人。”这句话中有一个揭示“有用”与“体面”关系的关键词：“只”，意思是：“讲体面”本身并没有错，但与外表形象相比，内在价值是首要的，如果只讲体面却于人无用，就不可取了。因此，本文的主旨是强调“有用”、有真才实学、能真正贡献人类的精神，并不是说“什么果实都没有花生好”。我们没有必要在“内在价值”(内在美)与“外表形象”(外在美)之间人为地制造对立，非得舍此即彼、抑此扬彼。这样的教学，才能真正教透“对比”思维，而且渗透“辨证”思维。这才是真正的文本细读与分析能力的训练。

标　准	结果指标
14. 开展多元的学习评价	14.1　鼓励目标参照、自我参照评价，慎用常模参照评价，能进行差异评价。 14.2　能够对学生的学业评价进行连续性的系统设计，采用系列的追踪和连续性的评估策略评价学生进展。 14.3　能够对大规模、标准化考试进行命题与试卷分析，掌握撰写试卷评价报告的方法和技术。 14.4　了解国内外语文能力测试研究的进展，选择先进的方法，灵活运用于自己的教学。

14.1　鼓励目标参照、自我参照评价，慎用常模参照评价，能进行差异评价排名次的做法。

【操作要点】

卓越教师，格外注意评价对学生情感态度价值观方面的影响，注意在评价中保护学生的自尊心、引导正确的学习动机，他们很少用“你是班里朗读最好的”“你比某某强”“你不如某某”等比较式评价，也会慎重使用常模参照评价，尤其是排名次的做法，因为这种竞争式的评价，容易助长学生横向攀比、矜奇炫博的虚荣心，或打击和抑制后进生的自信，不利于建构积极健康的内在动机。内在动机，是学习内容本身激发的求知欲和自我完善激发的动机，而不是外在的表扬和荣誉所激发的动机。因此，他们更鼓励目标参照和自我参照评价。

基于“关注差异、因材施教”的教学理念，卓越教师重视学生的个体差异，尝试分层评价。有人提出了这样的分层评价方法：把全班学生分成好、中、差三组，分别运用常模参照评价、目标参照评价和自我参照评价，相应得出不同的分数。这就是一种照顾到个体差异的评价。

【举例说明】　　钱梦龙老师转变“差生”

钱老师当年曾接手过一个初二“双差班”，他给这个班出了一个作文题：“我的一家”，提出两点要求：1. 标题必须写在第一行的正中。2. 文章要分段，家里几个人就分几段，每段起始要空两格。凡是符合这两项要求的，他都给了高分。靠这种鼓励的方式，他逐渐改变了这个班的面貌，提高了这个班的成绩。

如何转变“差生”，钱老师有自己的教育智慧。他说：

做过教师的人都有体会，帮助“差生”是教师碰到的最棘手的问题。平时我们帮助“差生”，往往只是学习差帮学习，品德差帮品德，纪律差抓纪律，用要求一般学生的标准去要求“差生”，其结果往往是越帮学生越失去信心，越帮助成绩越差。

打篮球有个“篮球架效应”，里面包含着有趣的心理学原理：如果球架设得太低很容易投进，玩的人就会失去兴趣；但若设得太高，不容易投中，玩的人就会失去信心，这两种情况都会影响游戏者的动力。“篮球架效应”给予我们的启发，有助于我们正确处理目标与动力之间的关系。

帮助“差生”之所以难以见效，就由于他们在学习上“欠债”太多，无论怎么努力都还不清。而我们却用常规高度的“篮球架”去要求他们，结果只能越帮越使他们丧失信心。我的尝试就是给这个班设计了一个既适合他们眼前的高度、又不断升高的篮球架，先以适当的要求树其信心，继以体面的成绩增其兴趣，再以充分的理解动其感情，最后以长期的合作坚其意志……他们终于改变了学习落后的面貌。

14.2 能够对学生的学业评价进行连续性的系统设计，采用系列的追踪和连续性的评估策略评价学生进展。

【举例说明】 高中语文选修课专题学习表现性评价方案①

表现性评定是客观测验以外的一类以行动、作品、表演、展示、操作、写作、制作档案资料等更真实的表现来展示学生口头表达能力、文字表达能力、思维思考力、随机应变力、想象力、创造力、实践能力、合作能力及学习成果与过程的测验。

在高中语文选修课专题学习的过程中，采用表现性评价的方式有助于学生明确学习任务与学习目标，借助评价明确自身学业水平与目标的差距，并找到缩小差距的途径。具体操作方法如下。

1. 公布学习任务表

学习任务表是对学生学习方向、数量和时间的要求，学习开始之前公布学习任务表有利于帮助学生明确任务，合理安排时间，宏观把握学习过程。

学习任务表样例：

北京版选修(二)专题学习任务计划表

第四周	专题(一)表现性作业	
第六周	专题(一)检测	
第八周	专题(二)表现性作业	
第十周	专题(二)检测	
第十二周	专题(三)表现性作业	
第十四周	专题(三)检测	

2. 学生根据学习任务表确定学习任务设计方案

因为选修课程的特殊性，学习任务是学生根据教材和自己的兴趣需要自主选定的，教师要根据学生和教材对学生确定的学习任务作出准确的价值判断，帮助学生或确立、或否定、或修改自己的学习任务。

学习任务设计方案样例：

① 本案例详见吴欣歆：《选修模块表现性评价方案设计》，载《河北教育》，2010(11)。

北京版选修(二)专题(一)学习任务设计方案

学习内容	
学习计划	
学习成果	

注：学习内容由学生根据自己的兴趣、需要自主选定。

3. 完成学习任务后按照评价维度描述完成评定任务报告单

评定任务报告单一般由作者本人、小组成员和教师三方面共同完成。评定任务报告单样例：

“高中语文选修模块表现性评价”报告单

评定项目	评定维度	作者评定	小组评定	老师评定
内容选择	有效联结			
	能力提升			
	角度适当			
过程实施	步骤安排			
	投入状态			
	合作意识			
	修正调整			
成果展示	资源整合			
	文本理解			
	观点阐释			
	表现形式			
	借鉴价值			
作者评语				
教师评语				

注：评定分数在4～1之间，根据评价维度确定。上述评价维度及标准需要教师根据学生情况确定并具体描述，可以增加、删减或修改。

4. 整合报告单相关数据，返回评定结果报告单

评定结果反馈报告单的样例：

"高中语文选修模块表现性评价"反馈报告单

评价维度	发展状况与发展潜力分析
整　合 （有效联结、能力提升、角度适当、资源整合）	
鉴　赏 （文本理解、观点阐释）	
探　究 （步骤安排、投入状态、合作意识、借鉴价值）	
表　达 （修正调整、表现形式）	

评价标准中列出的各个维度实际上反映的是学生整合、鉴赏、探究和表达能力的发展状态，按照上表列出的内容可以从"高中语文选修模块表现性评价"报告单中提取出学生各项能力的总分，根据各项的总分情况，学生能够了解自己四项能力的发展状况与发展潜力。

5. 学生根据评定结果报告单反思学习过程，调整学习成果

这个环节反映的是评定结果的运用，只有反馈及时，评定结果才能更大限度地发挥作用。表面上学生调整的是学习成果，实际上透过成果反思的是学习过程，是学习策略运用中存在的问题，这种自我反思有利于学习过程的改进，有利于学生的拓展与提高。

14.3　能够对大规模、标准化考试进行命题与试卷分析，掌握撰写试卷评价报告的方法和技术。

【操作要点】

卓越教师，作为省市级骨干和学科带头人，通常要参与地区大规模集中考试的命题、阅卷和评析工作，因此，他们需要掌握更为丰富和系统的教育测量学的知识和技术，能够撰写试卷评估报告。语文教师，还要特别关注和思考语文学科评价的特殊问题。

14.4 了解国内外语文能力测试研究的进展，选择先进的方法，灵活运用于自己的教学。

【操作要点】

国内语文能力测试的研究，以章熊先生的《中国当代写作与阅读测试》一书为代表；北京市的高中语文教师，可翻阅北大语文教育研究所编辑的年刊《阅卷纵横》(针对每年的语文高考试题分析)；再如PISA，PIRLS等，都是国际上重要的阅读能力或素养的测试项目。卓越教师，应该关注这些研究动态，汲取有益启示，灵活运用于自己的教学。

【举例说明】

PISA(The Programme for International Student Assessment)即“国际学生评价项目”，是由国际经济合作与发展组织(Organization for Economic Cooperation Development，OECD)负责组织实施的国际评价比较测试，主要目的是各国协作监控教育成果，测试主要工业化国家即将完成义务教育的15岁学生在阅读、数学和科学等方面应用其知识、技能和解决问题的能力。测试目的：了解15岁的学生能否掌握参与社会所需的知识和技能。测试自2000年开始，每三年一次。

PIRLS(Progress in International Reading Literacy Study)即“全球学生阅读能力进展研究”，由国际教育成绩评估协会(International Assessment for the Evaluation of Education Achievement，IEA)主办。研究目的旨在探讨约九岁儿童的学业成就、儿童在家庭和学校中学习语文阅读的经验，并找出获取语文阅读能力的因素。研究自2011年开始，每五年进行一次，以追踪儿童阅读能力的发展。

标　准	结果指标
15. 促进有效的课堂管理	15.1　通过良好的师德修养和丰富的沟通策略，通过吸引学生的教学活动进行课堂管理，创造富有生机的课堂生态。

15.1 通过良好的师德修养和丰富的沟通策略，通过吸引学生的教学活动进行课堂管理，创造富有生机的课堂生态。

【操作要点】

卓越教师，能够凭借自身良好的人格修养，凭借真诚的关爱学生之心，以坦诚谦和、不卑不亢的态度，化解师生矛盾，以丰富的沟通策略机智地应对“问题学生”；而最有效的课堂管理，不是依靠外在的强制禁令，而是通过吸引学生的教学活动、激发学生的内在学习动机，让每个学生都参与到学习活动中来，从而创造富有生机的课堂生态。

标　准	结果指标
16. 渗透思想品德教育与生活技能教育	16.1　结合语文学科的特点，强调学生“言语交际能力”的培养。

16.1　结合语文学科的特点，强调学生“言语交际能力”的培养。

【操作要点】

言语交际能力，是生活技能的重要表现。培养学生的言语交际能力，不仅是语文课堂教学的核心任务之一，而且应渗透在学校教育的所有活动中。

标　准	结果指标
17. 实施积极的安全教育与健康教育	17.1　能积极开展以预防为主的安全教育、健康教育，培养学生良好的心理品质；关注学生的个体差异，为有需要的学生提供支持和帮助。

17.1　能积极开展以预防为主的安全教育、健康教育，培养学生良好的心理品质；关注学生的个体差异，为有需要的学生提供支持和帮助。

【操作要点】

(1)从尊重生命与博爱的高度关注每一个学生的安全。

(2)掌握一些心理咨询的方法与技巧，善于发现学生的问题，愿意为学生提供真诚的帮助。

(3)注重积累对突发事件的处理经验与有效的施救方法。

领域四　教育教学研究与专业发展

标　准	结果指标
18. 教育教学反思与行动研究	18.1　思维敏锐，对教育情境产生直觉的、深刻的、整体而全面的理解，能够很快辨认出显著的信息，关注异常信息；具有分析性思考和概念性思考的能力。 18.2　善于提出并解决教育教学中的重要问题，开展教育教学实验，深入研究教育规律，形成独特的教育教学思想或教学风格。 18.3　注重研究成果的形成，能够在学术刊物上发表研究论文或出版专著，使研究成果具有更广泛的辐射作用，并使成果得到同行的关注、讨论和认可。

18.1　思维敏锐，对教育情境产生直觉的、深刻的、整体而全面的理解，能够很快辨认出显著的信息，关注异常信息；具有分析性思考和概念性思考的能力。

【操作要点】

这一阶段教师的思维敏锐、分析性思考和概念性思考能力，可从其课例研究体现出来：能够研究并积累社会科教学中不同类型的课例，在不断的反思中主动探索教学规律，创新教学策略。

(1)通过查阅资料、参观学习、请专家讲学等形式，探讨关于课例研究的理论和方法，为课例研究和创新打好理论和方法基础。

(2)通过学习理论、深入教学实践，发现教育实践中存在的问题，通过对问题的分析，提出要研究的课例。

(3)以解决当前的课堂教学问题为价值取向确定课例研究主题；围绕研究主题选课，开展各种课例研究。例如，问题式课例研究、主题式课例研究、混合式课例研究和意外式课例研究等，积累不同类型课例。

(4)设计新型课例研究。明确主题，提出创新的目标、方案、计划，明确研究或创新的内容、方法、手段，以“原生态课”真实过程为案例，探索教学规律，创新教学策略。

18.2 善于提出并解决教育教学中的重要问题，开展教育教学实验，深入研究教学规律，形成独特的教育教学思想或教学风格。

【操作要点】

(1)知识逐渐深广。为了研究问题，千方百计地争取学习机会，知识与能力结构在这个不断地由目标到反馈的自我监控过程中得到更新与扩展。

(2)教育工作面向学生。把课堂上的注意力由自己的活动转向关注学生的反应和对学生的引导，更多地关注和研究学生的心理、需要、学习方法等。

(3)形成教育教学思想或风格。随着教育教学经验的积累，他们在学生时代学习的理论和在实践工作中学习的优秀教师的经验，都逐步内化为对教育真谛的深刻理解，形成了教育观念，并用这种观念指导着自己的教育行为。他们的敬业精神来自对教育的理解，来自于教育的成功体验有比较深厚的基础。他们优良的个性品质和健全人格也在教育活动中磨砺而成，并形成独具个性的教学风格。

(4)具有初步的教育决策能力，经常思考、判断、行动、反思，他们比前两阶段的教师拥有更高的专业自主权水平，不仅为自己量身制定了职业生涯规划，而且根据自我发展条件和社会发展需要确定了自己研究的主攻方向，自主提高专业发展能力。

18.3 注重研究成果的形成，能够在学术刊物上发表研究论文或出版专著，使研究成果具有更广泛的辐射作用，并使成果得到同行的关注、讨论和认可。

【操作要点】

(1)能够在教育教学实践中不断提出有研究价值的问题，有个人的研究课题。

(2)搜集教育教学方面的信息，并进行记录、整理、归类、综合，为教育教学研究提供翔实的数据、资料和案例。

(3)进行理论构建或理论分析，提炼观点、以论据支撑观点。

(4)通过发表论文或出版专著，辐射成果的影响力。

下面列举一些较有影响的语文教学类学术刊物：

《语文学习》《中学语文教学》《小学语文教材》

《语文教学通讯》《语文建设》等

标　准	结果指标
19. 团结协作与经验分享	19.1　把自己的经验结构化、形成可以传递的知识形态；引领团队的专业研修活动，团队成员能够受到启发并产生把研修结果运用到工作的动机。 19.2　作为专业领域的领军人物，在专业学会和广大教师中发挥引领作用。

19.1　把自己的经验结构化、形成可以传递的知识形态；引领团队的专业研修活动，团队成员能够受到启发并产生把研修结果运用到工作的动机。

【操作要点】

(1)优秀教师在团队中的示范和引领作用至关重要。

(2)团队涉及不同层次，比如教师所在的备课组、教研组或者名师工作室等。

(3)专业研修活动包括同年级的集体备课活动、教研组的课题研究、教师个人及其团队参与的区(县)、省市及国家级等课题研讨活动等。

【举例说明】　　　我的加法人生(摘录)①

近些年，我参与一些青年教师培训工作，我并非就每一课的教材指导具体教法，而是从自己几十年的教学之路的经验和教训中，引导他们从教师生涯的起步就主动做人生的加法：重视自身基本功的锤炼，使自己不断厚重——我教语文，我就是语文；重视教学方法规律的探究——我是教师，重在不断引导学生自主学习。一句话，在自己不断成长的过程中不仅“加法”，还要做“乘法”，尽快走上“高速路”。教学就要不忘边“教”边“学”，这才是科学成长之路。教师必须和学生一起成长，这样才能少走弯路，认认真真学，快快活活教，沿着“学习—实践—反思—积累”的轨迹，成为研究型教师。

当我将要停下手中的笔时，这些充满苦辣酸甜的件件往事仍历历在目，万千思绪又使我沉浸到那难忘的岁月，但这之中我并没有丝毫后悔。这，并非因为我获得了什么荣誉、待遇，而正是因为我享受到：坎坷的教学征

① 案例来源：由北京市特级教师、宣武师范学校附属第一小学张光璎提供。

程中有追求才有乐趣，在人生的艰辛道路上有辛酸才懂珍惜。作为长者，我想对年轻的朋友们说我深深体会到：宝剑锋从磨砺出，梅花香自苦寒来；不经一番寒彻骨，哪得梅花扑鼻香。这些话的深深含义。它，揭示了一个有追求、有志向的人，必须自觉地、不断地在人生道路上不但要主动做加法还要做乘法的真谛。

19.2 作为专业领域的领军人物，在专业学会和广大教师中发挥引领作用。

【操作要点】

(1)积极参加社会科任教学科专业学会、中国教育学会等学术团队的研讨活动，并能在相应的研讨会上发表论文，阐述自己的观点，或者参与具体的研讨。

(2)将参与这种研讨活动的收获与自己所在团队的成员分享，为团队中的青年教师搭建发展的平台。

标 准	结果指标
20. 终身学习与持续发展	20.1 具有高度的专业敏感性和吸收、转化能力。 20.2 不断给自己规划更高的职业目标，行走在能力的极限上，促进知能持续发展。

20.1 具有高度的专业敏感性和吸收、转化能力。

【操作要点】

(1)善于学习是教师专业成长的关键，卓越教师能够保持学习新知的热情，通过自学、参加培训、在职进修等多种途径，丰富或更新自己的知识积累，不断地优化、完善自己的知识结构。

(2)任务驱动是开展学习的发动机和助推器。将自己认定的问题作为具体任务，使自己自然而然地、甚至不可遏制地进入渴望学习、渴望发展的状态。

20.2 不断给自己规划更高的职业目标，行走在能力的极限上，促进知能持续发展。

【操作要点】

卓越教师能够把精力投入到追求新目标和解决高层次问题中，而这些问题是以前没有能力解决的。在能力极限边缘上工作是专家的特征之一，进取型解决问题使专家的知能持续发展。而非专家则运用常规解决“问题”，所以需要他们解决的“问题”越来越少。如果总是把问题降低到用自己已经学会的模式和程序来解决，就会使人停滞不前。

参考文献

[1]边玉芳．“国际阅读素养进展研究”给我们什么启示．小学语文教师，2011(6).

[2]陈晓波．小学语文教科书“主题—情境”编排方式的理论探析．北京：北京师范大学硕士论文，2006.

[3]陈晓波．变革实施中高中语文教师的课程取向：A市的个案研究．香港：香港中文大学博士论文，2007.

[4]陈望道．修辞学发凡(1932).上海：上海世纪出版集团，2001.

[5]陈剑晖．诗性散文．广州：广东教育出版社，2009.

[6]陈平原．中国小说叙事模式的转变．北京：北京大学出版社，2003.

[7]董蓓菲．语文教育心理学．上海：上海教育出版社，2006.

[8]傅修延．文本学．北京：北京大学出版社，2004.

[9]郭成．课堂教学设计．北京：人民教育出版社，2006.

[10]郭初阳．言说抵抗沉默——郭初阳课堂实录．上海：华东师范大学出版社，2005.

[11]高辛勇．修辞学与文学阅读．北京：北京大学出版社，2003.

[12]胡壮麟．认知隐喻学．北京：北京大学出版社，2003.

[13]胡学富、蒋剑书．中国当代写作理论与写作教学．成都：四川教育出版社，1998.

[14]韩雪屏．中国当代阅读理论与阅读教学．成都：四川教育出版社，1998.

[15]李海林．语文教育科研十讲．杭州：浙江教育出版社，2005.

[16]李海林．言语教学论．上海：上海教育出版社，2000.

[17]李伟．突围与回归——新时期散文思维艺术．西安：陕西人民出版社，2007.

[18]李扶九．古文笔法百篇．长沙：岳麓书社，2000.
[19]李新强．中学生阅读心理及阅读对策研究．福州：福建师范大学硕士论文，2001.
[20]龙协涛．文学阅读学．北京：北京大学出版社，2005.
[21]刘大为．比喻、近喻与自喻——辞格的认知研究．上海：上海教育出版社，2001.
[22]刘锡庆．散文新思维．石家庄：河北教育出版社，1998.
[23]梁启超．梁著写作入门．北京：中国工人出版社，2007. 书中包括两篇重要论文：中学以上作文教学法[讲叙事文]、中国韵文里包含的感情[讲抒情文].
[24][美]勒内·韦勒克、奥斯汀·沃伦著，刘象愚等译．文学理论(修订版). 南京：江苏教育出版社，2005.
[25]林智中、陈健生、张爽．课程组织．北京：教育科学出版社，2006.
[26]陆宗达，王宁．训诂与训诂学．太原：山西教育出版社，1994.
[27][美]莫提默·J·艾德勒，查尔斯·范多伦著，郝明义、朱衣译．如何阅读一本书．北京：商务印书馆，2004.
[28]马正平．高等写作思维训练教程．北京：中国人民大学出版社，2003.
[29]马正平编著．中学写作教学新思维．北京：中国人民大学出版社，2003.
[30]倪文锦、谢锡金．新编语文课程与教学论．上海：华东师范大学出版社，2006.
[31]皮连生．学与教的心理学(修订版). 上海：华东师范大学出版社，1997.
[32]浦安迪讲演．中国叙事学．北京：北京大学出版社，1996.
[33]区培民．语文课程与教学论．北京：高等教育出版社，2005.
[34]饶杰腾．语文学科教育学．北京：首都师范大学出版社，2000.
[35]施良方、崔允漷．教学理论：课堂教学的原理、策略与研究．上海：华东师范大学出版社，1999.
[36]孙绍振、钱理群．对话语文．福州：福建教育出版社，2003.
[37]孙绍振．名作细读——微观分析个案研究(修订版). 上海：上海教育出版社，2009.

[38]谈永康．从上海 PISA 阅读素养数据看小学阅读教学改革．小学语文教师，2011(6).
[39]谭文丽．小学语文课程与教学论．成都：四川教育出版社，2006.
[40]吴忠豪．小学语文课程与教学论．第 2 版．北京：北京师范大学出版社，2008.
[41]王荣生．语文教学内容重构．上海：上海教育出版社，2007.
[42]王荣生．语文科课程论基础(修订版).上海：上海教育出版社，2004.
[43]王荣生．听王荣生教授评课．上海：华东师范大学出版社，2007.
[44]王荣生．走进课堂——高中语文(必修)新课程课例评析．北京：高等教育出版社，2006.
[45]王荣生．"新课程教例与教案研究"(语文系列，共 8 本).南宁：广西教育出版社，2005.
[46]王尚文．语感论．上海：上海教育出版社，2000.
[47]王一川．文学理论．成都：四川人民出版社，2003.
[48]王先霈．文学文本细读讲演录．南宁：广西师范大学出版社，2006.
[49]王希杰．汉语修辞学(修订本).北京：商务印书馆，2004.
[50]王漫．语文课程知识的选择．北京：北京师范大学博士论文，2005.
[51]魏国良．高中语文教材主要文本类型教学设计．上海：上海教育出版社，2007.
[52]申丹．叙事学与小说文体研究．北京：北京大学出版社，2004.
[53]孙绍振．文学性讲演录．南宁：广西师范大学出版社，2006.
[54]姚夏倩、皮连生．语文学习结果的分类及其教学含义．教育研究，2000(4).
[55]袁行霈．中国诗歌艺术研究．北京：北京大学出版社，1996.
[56]章熊、张彬福、王本华．中学生言语技能训练．北京：人民教育出版社，2005.
[57]章熊．中国当代写作与阅读测试．成都：四川教育出版社，1995.
[58]张中行．文言津逮．北京：中华书局，2004.
[59]周振甫．怎样学习古文．北京：中华书局，2006.
[60]张鸿苓．中国当代听说理论与写作教学．成都：四川教育出版社，1998.

[61]郑国民．新世纪语文课程改革．北京：北京师范大学出版社，2003.
[62]中华人民共和国教育部．义务教育语文课程标准(2011 年版)．北京：北京师范大学出版社，2012.
[63]中华人民共和国教育部．普通高中语文课程标准(实验)．北京：人民教育出版社，2003.
[64]朱晓民．语文教师教学知识发展研究．北京：教育科学出版社，2010.
[65]朱绍禹．中学语文课程与教学论．成都：四川教育出版社，2006.

后　记

2009—2011年的三年里，北京教育学院的“教师教育创新平台”课题组，在李晶教授的直接领导下，积极开展了“中小学教师专业标准”的研制工作。经过大量的教师访谈与课堂观察等实证调研、国内外文献资料的阅读整理、对标准条目的反复论证和修改，推出了“中小学教师专业发展标准”(总标准)，即由“专业基础”和“专业实践”两大维度和四个表现领域、二十条标准构成的基本框架。

根据课题组的要求，本书遵照总标准的框架，针对中小学语文学科的特点，对若干条标准的结果指标进行具体解析，并撰写相关的内容要点和举例说明。前期参与语文教师标准讨论的有吕俐敏、蒋杰英等人；最后的书稿，由王漫(北京教育学院中文系副教授，北京师范大学课程与教学论专业博士)与陈晓波（北京教育学院初等教育系讲师，香港中文大学教育哲学博士)写作完成。

全书的“前言”由钟祖荣、李晶撰稿。四大领域中，第一领域“健全人格与职业道德”、第四领域“教育教学研究与专业发展”属于公共部分，由总课题组安排相关领域的学者统一撰写；第二领域“专业知识”与第三领域“教学实践”，除了个别条目也属于公共部分，我们力图体现语文学科的特点。其中，王漫撰写部分：(五)关于学科的知识、(九)科学和人文素养、(十)创设良好的学习环境、(十一)设计合理的教学方案、(十二)实施有效的教学活动、(十三)开展多元的学习评价、(十四)培养习惯、指导学习、(十五)有效的课堂管理。陈晓波撰写部分：(六)关于学生的知识、(七)关于课程的知识、(八)关于教学的知识及学科教学知识。陈晓波还为第四领域补充了语文教材的案例。

全国著名的语文教育家、特级教师——北京101中学的程翔老师与清华附小的窦桂梅老师，在百忙中慨然承担了本书的审订工作，为书稿的完善提出了宝贵意见。特此感谢！

本书只是我们研究中小学语文教学问题与教师发展规律的阶段性成果，在呈现学界公认结论的同时，也有一些我们个人的思考。不成熟、不妥当之处，敬请广大的语文教师和语文教育专家批评指正！

王漫

2012年4月6日